Basiswissen Grundschule

Deutsch

Bibliografische Information der Deutschen Nationalbibliothek
Die Deutsche Nationalbibliothek verzeichnet diese Publikation in der Deutschen Nationalbibliografie; detaillierte bibliografische Daten sind im Internet über http://dnb.d-nb.de abrufbar.

Bibliographisches Institut GmbH
Mecklenburgische Straße 53, 14197 Berlin

Redaktionelle Leitung: Martin Bergmann, Constanze Schöder
Konzeption: Salomé Dick, Katja Schüler
Redaktion: Salomé Dick, Evelyne Büssing-Lörcks
Herstellung: Ursula Fürst
Layout: Horst Bachmann, Weinheim
Umschlaggestaltung: Designbüro Acker, Brühl
Satz: KCS GmbH, Buchholz
Druck und Bindung: Těšínská tiskárna, Česky Těšín
Printed in Czech Republic

ISBN 978-3-411-72073-6
www.duden.de

Basiswissen Grundschule

Deutsch

Nachschlagen und Üben
Klasse 1 bis 4

3., aktualisierte Auflage

von Ute Müller-Wolfangel und Beate Schreiber

mit Illustrationen von Barbara Scholz, Sigrid Leberer, Sandra Reckers, Stefanie Scharnberg, Peter Nieländer, Pia Eisenbarth

Dudenverlag
Berlin

Inhaltsverzeichnis

Einführung

Sprache untersuchen

Inhaltsverzeichnis

Richtig schreiben

Inhaltsverzeichnis

Texte schreiben

Lesen und mit Texten umgehen

Anhang

Vorwort

Liebe Eltern,

dieses Buch bietet Ihnen und Ihren Kindern eine übersichtliche Darstellung des gesamten Basiswissens im Fach Deutsch der **vierjährigen Grundschule.** Es dient zum **Nachschlagen** und bietet zusätzlich **Strategien (Tipps)** an, mit denen Kinder selbstständig an vorgegebene Aufgabenstellungen herangehen können. Die Inhalte orientieren sich an den aktuellen Bildungsstandards für den Primarbereich (bis zur 4. Jahrgangsstufe), die von der Kultusministerkonferenz vereinbart wurden.

Basiswissen Grundschule Deutsch kann sowohl bei den Hausaufgaben als auch zur Vorbereitung von Lernkontrollen benutzt werden.

Sie erhalten einen übersichtlichen Einblick in den Lernstoff und zusätzlich **allgemeine Hinweise zur Verbesserung der Lernsituation** des Kindes.

Begleitend kann zu den thematischen Schwerpunkten **Übungsmaterial** ausgedruckt werden. Auf der beigefügten CD-ROM finden sich u. a. 100 Arbeitsblätter mit Lösungsblättern, mit denen der Lernstoff geübt, vertieft und wiederholt werden kann.

Da in den einzelnen Bundesländern zum Teil unterschiedliche Fachbegriffe benutzt werden, sollte im Zweifelsfall das Register (siehe Seite 188) oder die Liste mit den Fachbegriffen (siehe Seite 184) als Hilfe herangezogen werden.

Basiswissen Grundschule Deutsch enthält 4 Themenfelder aus dem Bereich Deutsch in der Grundschule:

1. Im Kapitel Sprache untersuchen finden Sie Wortarten, Satzglieder und Satzarten, die im Grundschulbereich relevant sind.

2. Im Kapitel Richtig schreiben werden orthografische Regeln und hilfreiche Strategien, um sie anzuwenden, dargestellt.
Hierbei werden die seit 1. 8. 2006 verbindlichen Rechtschreibregeln zugrunde gelegt. Einen Überblick über die wichtigsten Neuerungen finden Sie auf Seite 181.

3. Im Kapitel Texte schreiben werden die verschiedenen Erzählformen vorgestellt. Es wird gezeigt, wie eigene Schreibideen zu verschiedenen Anlässen verwirklicht und wie Texte in Inhalt und Form überarbeitet und präsentiert werden können.

4. Im Kapitel Lesen und mit Texten umgehen wird vorrangig das sinnentnehmende Lesen thematisiert: Wie können aus Texten und Grafiken Informationen entnommen werden? Wie kann ein Textverständnis entwickelt werden?
Das Lesen verschiedener Druckerzeugnisse ist eine grundlegende Qualifikation, um gegenwärtige und künftige Lebenssituationen zu bewältigen. Es stellt für alle Fächer die Voraussetzung für erfolgreiches Lernen dar.

Die drei verbundenen **Ausgangsschriften,** die in den verschiedenen Bundesländern eingeführt sind, werden auf Seite 182 vorgestellt.

Vorwort

Liebe Schülerin, lieber Schüler,

in diesem Nachschlagewerk findest du alle wichtigen Inhalte des Deutschunterrichts in der Grundschule. Diese sind in vier Kapitel aufgeteilt. Du erkennst sie an den farbigen Balken:

Sprache untersuchen
Richtig schreiben
Texte schreiben
Lesen und mit Texten umgehen

Auf jeder Seite gibt es **Beispiele.** Sie sind blau gedruckt.

die Bäume – der Baum

Die wichtigen **Tipps der klugen Eule** im gelben Kasten solltest du besonders beachten.

Der Satzanfang wird immer großgeschrieben.

In den Kästen mit blauem Rahmen werden **Spiele** vorgeschlagen. Dazu musst du meistens einen oder mehrere Mitspieler suchen. Frag doch einmal deine Eltern, Geschwister oder Freunde, ob sie etwas Zeit haben.

Spiel-
tipp

Personen raten

Ein Mitspieler denkt an eine bekannte Person. Die Ratenden stellen Fragen, die nur mit „Ja“ oder „Nein“ beantwortet werden dürfen. „Ist die Person weiblich?“ – „Hat sie blonde Haare?“ Wer löst das Rätsel mit 10 Fragen?

Am Ende der Kapitel folgen **Tippseiten.**
Die Eule zeigt, wie du geschickt vorgehen kannst, wenn du z. B. Wortarten bestimmen, einen Text planen, nachschlagen oder ein Buch vorstellen willst.

ä oder e, äu oder eu? Ich suche ein **verwandtes Wort**.

der Apfel – die Äpfel
du träumst – der Traum
er läuft – laufen

Dieses Zeichen weist darauf hin, dass es ein **Arbeitsblatt** zum Üben gibt. Es befindet sich auf der **CD-ROM.** Du kannst es ausdrucken, bearbeiten und dich mit einem Lösungsblatt selbst korrigieren.

1./2. Klasse

3. Klasse

4. Klasse

Fachbegriffe kannst du auf Seite 184 nachschlagen.

Auf Seite 186 findest du **schwierige Wörter,** die häufig falsch geschrieben werden und die du dir merken solltest.

Wenn du etwas Bestimmtes suchst, kannst du im **Register** ab Seite 188 die entsprechenden Seitenangaben finden.

Auf den folgenden Seiten findest du viele **Lerntipps,** die dir helfen, besser zu lernen.

Der Wochenplan

Eine regelmäßige Zeiteinteilung erleichtert das Lernen.

Deshalb ist es wichtig, dass du deine Woche und deine Tage gut planst. Dann hast du neben deiner Lernzeit auch noch viel freie Zeit für deine Hobbys. Ein Wochenplan hilft dir dabei. Trage zunächst deine festen Nachmittagstermine ein. Entscheide dich dann für die Zeiten, in denen du deine Hausaufgaben erledigen willst.

Woche vom 20. bis 26. Juni

Zeitraum	Montag	Dienstag	Mittwoch	Donnerstag	Freitag	Samstag
14.00		Chor		HA		
15.00	HA		HA		Schwimmen	Fahrradtour mit Mama
16.00		HA		Geburtstagsparty Max		
17.00	Klavier	Üben für Test	Zahnarzt		HA	
18.00			Fußball		HA	

(HA: Hausaufgaben und Klavier üben)

Die beste Lernzeit

Nicht jeder lernt zur gleichen Zeit gleich gut.

Deshalb ist es wichtig, dass du deine beste Lernzeit selbst herausfindest. Wann kannst du dich am besten konzentrieren? Am frühen Nachmittag oder erst nach einer längeren Pause? Trage in deinen Wochenplan deine eigene Lernzeit ein.

Der Arbeitsplatz

An einem guten Arbeitsplatz fällt das Lernen leichter.

Deshalb ist es wichtig, dass du dir einen geräumigen und gut beleuchteten Platz aussuchst, an dem du immer arbeitest. Lege dir nur das bereit, was du gerade brauchst.

Es ist auch wichtig, dass die Bücher, die du zum Nachschlagen benutzt, wie z. B. Wörterbücher, Fachbücher, Lexika, in der Nähe deines Arbeitsplatzes stehen. So findest du schnell die Information, die du suchst.

Lerntipps

Der Lernstoff

Deshalb ist es wichtig, dass du mit dem beginnst, was dir leicht fällt.
Wechsle ab zwischen mündlichen und schriftlichen Arbeiten. So kannst du dich länger konzentrieren.
Vermeide, Ähnliches direkt nacheinander zu lernen.

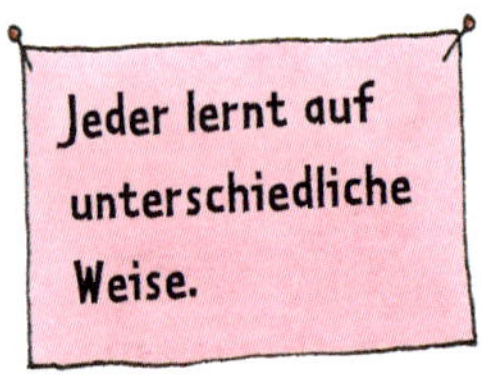

Deshalb musst du herausfinden, wie du am besten lernen und dir etwas merken kannst.
Musst du es geschrieben vor dir sehen oder genügt es dir, wenn du es hörst?
Wichtig ist auf jeden Fall, dass du auch mit Material arbeitest, das du anfassen kannst.
Am besten kannst du dir Dinge merken, die du selbst ausprobiert hast.

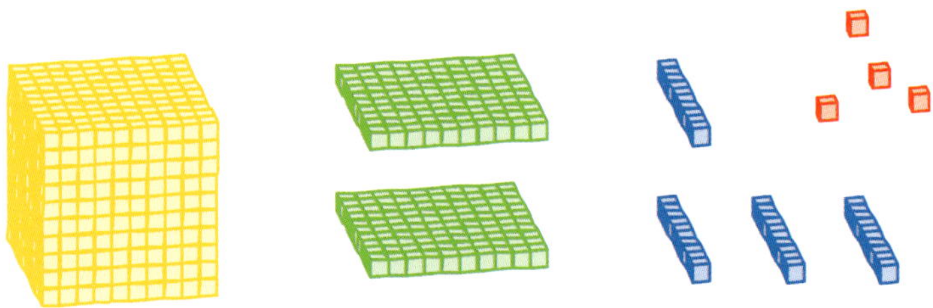

Es hilft, wenn du beim Lernen manchmal laut mitsprichst. Was du dir selbst erklärst oder vorsprichst, kannst du dir besser merken.

Es ist auch wichtig, dass du dein Lernen durch Bilder unterstützt. Das können Zeichnungen, Skizzen oder Lernplakate sein.

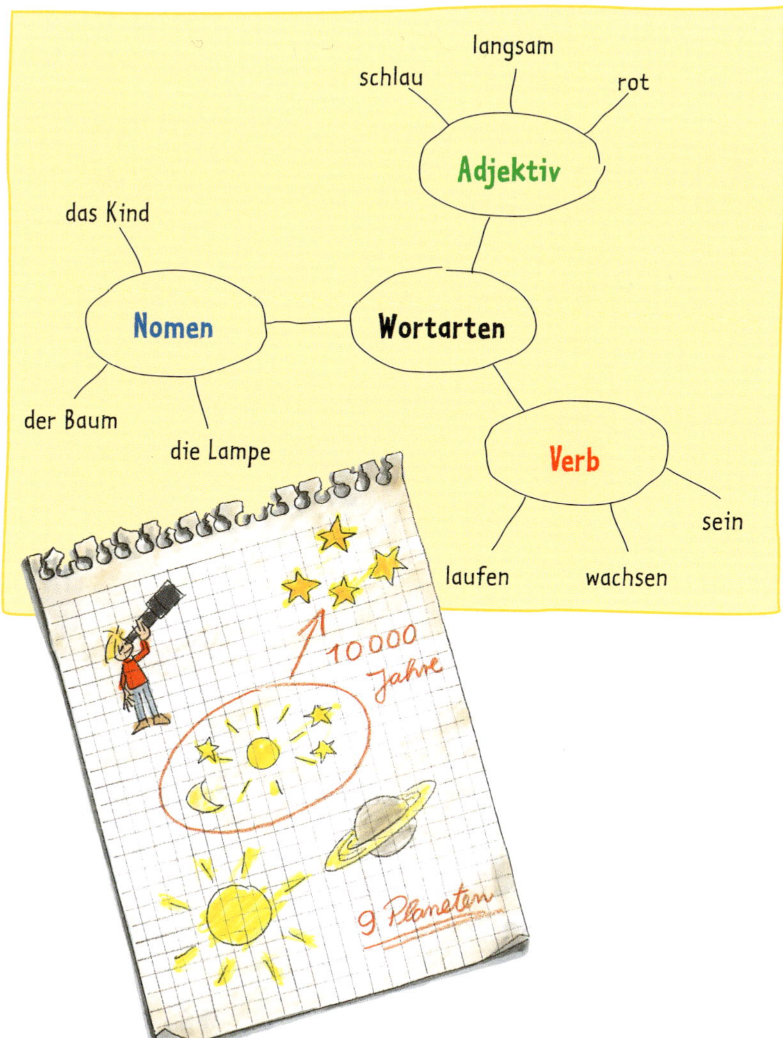

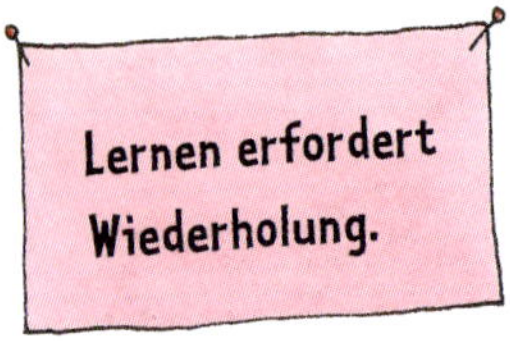

Deshalb ist es wichtig, dass du neuen Lernstoff am Anfang öfter wiederholst. Dadurch behältst du das Gelernte besser.

Es ist auch wichtig, dass du regelmäßig alten Lernstoff wiederholst. Viele kleine Wiederholungen sind besser als eine große.
Dabei hast du verschiedene Möglichkeiten:

Wörter, Sätze, Zahlen oder Regeln, die du dir merken willst, kannst du dir auf **kleine Zettel** schreiben und so aufhängen, dass du sie immer wieder sehen kannst.
Du kannst sie auch mit einer bunten Wäscheklammer sammeln.

Wenn du zu einem Thema viele Informationen hast, kannst du sie übersichtlich auf einem **Lernplakat** darstellen und dieses gut sichtbar aufhängen.

Wenn du dir den Lernstoff über längere Zeit einprägen und deinen Lernfortschritt kontrollieren willst, ist eine **Lernkartei** günstig.

Schreibe dir dein Merkwissen auf Karteikärtchen und ordne sie in das erste Fach deines Karteikastens ein. Bei der Wiederholung kannst du die Aufgaben, die du richtig gelöst hast, in das nächste Fach einsortieren.
Im ersten Fach bleiben alle Kärtchen, die du noch weiter üben musst.

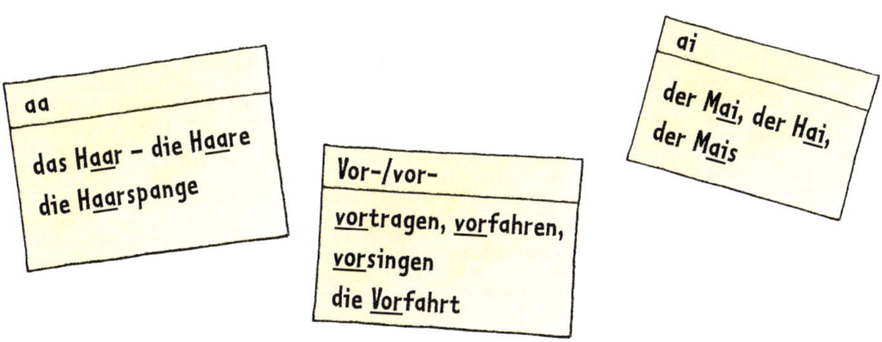

Lerntipps

Auch beim **Auswendiglernen,** z. B. beim Lernen eines Gedichts, brauchst du viel Wiederholung. Diese Schritte können dir helfen:

- mehrmals lesen
- sich alles in Bildern vorstellen
- den Text in Lernabschnitte gliedern
- laut sprechen
- teilweise abdecken und versuchen, den verdeckten Teil zu ergänzen
- alles abdecken und auswendig sprechen
- regelmäßig wiederholen (auch kurz vor dem Schlafengehen)

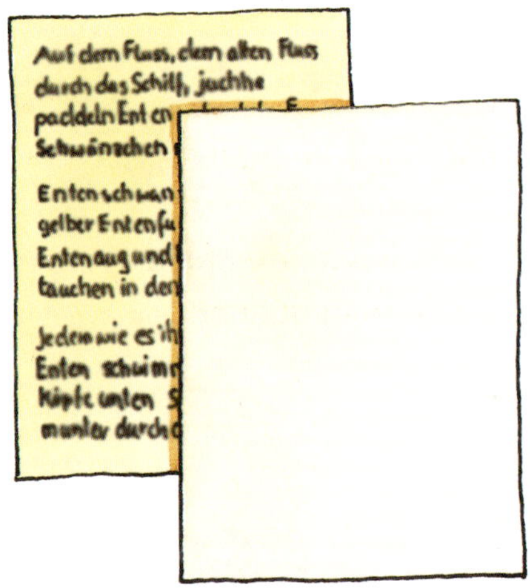

Beim **Abschreiben** musst du dir Wörter und Sätze nur für kurze Zeit merken. Aber es ist sehr wichtig, dass du keine Übertragungsfehler machst. Gehe so vor:

1. Lies den Text und versuche, den Sinn zu verstehen.
2. Präge dir das Wort, den Satzteil oder den Satz ein und merke dir schwierige Stellen.
3. Schreibe auf und sprich beim Schreiben leise mit.
4. Vergleiche jedes Wort mit der Vorlage und verbessere falsch geschriebene Wörter.

Die Pause

Deshalb ist es wichtig, dass du kurze Pausen machst. Dann kannst du dich wieder besser konzentrieren.

Frische Luft und ein Stück Obst geben dir neue Kraft.

Vergiss das Trinken nicht. Eine Flasche Wasser sollte an deinem Arbeitsplatz nicht fehlen.

Es ist auch wichtig, dass du dich bewegst. Du kannst in deinem Zimmer hin und her laufen, ein paar Kniebeugen machen, dich recken und strecken. Manchmal reicht es auch schon, wenn du deine Arme und Beine ausschüttelst und dabei kräftig gähnst.

Die Klassenarbeit

Deshalb ist es wichtig, dass du genau weißt, was überprüft wird.
Am besten ist, du gliederst den Lernstoff in **kleine Lerneinheiten** vom Leichten zum Schweren.

Es ist wichtig, dass du den Lernstoff über mehrere Tage verteilst. Schau in deinen Wochenplan und plane für jeden Tag eine kleine Lernzeit ein.

Übe auf verschiedenen Wegen: laut sprechen, schreiben oder aufzeichnen, Lernstoff auf Kassette aufnehmen und abhören.

Lerne auch mit anderen zusammen.

So kannst du **Diktate** üben:

Das Laufdiktat

- Lege den Text einige Schritte entfernt von deinem Arbeitsplatz z. B. auf eine Fensterbank. Du kannst ihn auch an einen Schrank hängen.
- Lies einen Satzteil oder einen kurzen Satz und merke ihn dir.
- Gehe an deinen Schreibplatz zurück und schreibe ihn auf. Beim Schreiben das Mitsprechen nicht vergessen!
- Steh wieder auf, lauf zum Diktattext und merke dir den nächsten Teil.
- Kontrolliere und verbessere nach dem Aufschreiben den ganzen Text.
- Schreibe Fehlerwörter auf Karteikarten und übe mit der Lernkartei.

Das Dosendiktat

- Schreibe den Diktattext auf ein Blatt. Beginne nach jedem Satz eine neue Zeile.
- Schneide die Satzstreifen ab und nummeriere sie.
- Nimm den ersten Streifen, lies den Satz aufmerksam durch und merke ihn dir.
- Stecke den Satzstreifen in eine Dose.
- Schreibe den Satz auswendig auf und sprich leise mit.
- Wenn du alle Sätze geschrieben hast, hole die Streifen aus der Dose und ordne sie.
- Vergleiche jedes Wort und verbessere deine Fehler.

Laute

Überall auf der Welt verständigen sich die Menschen mithilfe der Sprache. Mit ihr können wir etwas mitteilen, loben, schimpfen, erinnern, auffordern oder viele andere Absichten ausdrücken.

Die Sprache besteht aus vielen Zeichen, die vereinbart wurden. Wenn zwei Menschen in demselben Land aufgewachsen sind, können sie sich mit ihrer Sprache ohne Probleme verständigen. Um auch Menschen aus anderen Ländern zu verstehen und mit ihnen sprechen zu können, lernen heute viele Kinder in der Schule weitere Sprachen.

Die kleinste Einheit der **gesprochenen Sprache** ist der **Laut.** Er wird als Schall übermittelt und über das Gehör aufgenommen.
Eine Folge von Lauten ergibt ein gesprochenes Wort.

Das Alphabet

Der **Buchstabe** ist die kleinste Einheit der **Schriftsprache.**
Heute hat unser **Alphabet** 26 Buchstaben.

Aa Bb Cc Dd Ee Ff Gg Hh Ii Jj Kk Ll Mm Nn Oo Pp Qq Rr Ss Tt Uu Vv Ww Xx Yy Zz

Außerdem gibt es die **Umlaute** Ää, Öö, Üü und das **Sonderzeichen** ß, das es nur als Kleinbuchstaben gibt.

Eine Folge von Buchstaben ergibt ein geschriebenes Wort.

In der deutschen Sprache gibt es sehr viel mehr Laute als Buchstaben. Deshalb stehen **für einzelne Laute** auch **Buchstabenverbindungen,** z. B.:

sch – ch – ng

Einige Laute werden in verschiedenen Wörtern unterschiedlich geschrieben.

Feli**x** – flu**gs** – se**chs**
V**o**gel – **F**isch
M**ai** – L**ei**ter
B**äu**me – B**eu**le
Vase – **W**agen

Es gibt auch Buchstaben, die geschrieben, aber nicht gesprochen werden. Dazu zählen das Dehnungs-h, der doppelte Konsonant (Mitlaut) und das e bei ie.

Hu**h**n – sat**t** – Bi**e**ne

Vokale (Selbstlaute) und Konsonanten (Mitlaute)

Buchstaben, die ohne Hilfe eines anderen Lautes klingen, sind **Vokale** (Selbstlaute).

Aa Ee Ii Oo Uu

Buchstaben, die nur mithilfe von Vokalen klingen, sind **Konsonanten** (Mitlaute).

Bb	Cc	Dd	Ff	Gg	Hh	Jj
(be)	(ce)	(de)	(ef)	(ge)	(ha)	(jot)
Kk	Ll	Mm	Nn	Pp	Qq	Rr
(ka)	(el)	(em)	(en)	(pe)	(ku)	(er)
Ss	Tt	Vv	Ww	Xx	Yy	Zz
(es)	(te)	(vau)	(we)	(ix)	(ypsilon)	(zet)

Neben den vielen Einzellauten gibt es in der deutschen Sprache noch **Doppellaute** (Zwielaute). Dazu zählen ai, ei, au, äu und eu.

M**ai**s – l**ei**se – k**au**fen – L**äu**se – t**eu**er

Spiel-tipp

Themen-ABC

Wer findet die meisten Wörter?
Tier-ABC
A: Ameisenbär, B: Biber, C: Chamäleon, D: Dachs …
Schul-ABC
A: Aufgabenheft, B: Bucheinband, C: Computer, D: Deckfarben, E: Englischheft …

Silben

Jedes Wort besteht aus einer oder mehreren **Silben.**
Sie sind die rhythmischen Grundeinheiten der Sprache.

einsilbige Wörter:
Fisch
neu
singt

mehrsilbige Wörter:
lau - fen
ku - gel - rund
Scho - ko - la - de

Jede Silbe hat **einen** Selbstlaut, Umlaut oder Doppellaut (Zwielaut).

Tat Tür Tau

Bei der Worttrennung hilft es, die Silben deutlich zu sprechen.

fan - tas - tisch kom - men Las - ten

Einsilbige Wörter können nicht getrennt werden.

oft Tisch ruft Wal

Zusammengesetzte Wörter werden zunächst nach Wortbausteinen getrennt.

auf - es sen Schiff - fahrt bit ter - süß

Wortbausteine

Ein Wort kann aus verschiedenen Teilen zusammengesetzt sein. Diese Teile sind die **Wortbausteine.**

ent lauf en

Ein lad ung

auf bau en

ver käuf lich

Der wichtigste Wortbaustein ist der **Wortstamm.**
Wörter mit dem gleichen Wortstamm gehören zu einer **Wortfamilie.**

Ansprache – Sprachkunde – sprachgewandt – sprachlich – fremdsprachig – Absprache – du sprachst – Sprachfehler

Manchmal verändert sich der Wortstamm.

fahren – fuhr – Fähre – Fuhrwerk – Gefährt

Spiel-tipp

Wortstamm-Rennen

Ein Spieler nennt ein Verb. Wer findet in drei Minuten die meisten verwandten Wörter mit dem gleichen Wortstamm?

schreiben, vorschreiben, unterschreiben, Schreibschrift, Geschichtenschreiber …

Die wichtigsten Wortbausteine neben dem Wortstamm sind:

- vorangestellte Bausteine

be-, ent-, ge-, ver-, vor-, un-, auf-, zurück-, hin- …

besprechen, entsprechen, versprechen, vorsprechen …

- nachgestellte Bausteine

-heit, -keit, -ung, -schaft, -in, -nis,
-ig, -isch, -lich, -sam …

Faulheit
Bildung
Freundschaft
Geschicklichkeit
staubig
regnerisch
freundlich

- Endungen

-e, -st, -t, -en, -er, -es

ich gehe, du singst, er springt, sehen

kleiner, des Kindes

Durch vorangestellte oder nachgestellte Wortbausteine kann sich die Bedeutung der Wörter stark verändern:
lesbar – unleserlich, Gefahr – ungefährlich,
bieten – verbieten, auslaufen – einlaufen …

Nomen (Namenwort, Substantiv) und Artikel (Begleiter)

Mit **Nomen** werden Personen, Tiere, Pflanzen und Dinge bezeichnet. Sie werden großgeschrieben.
Nomen haben einen **Artikel** (Begleiter).

der Sänger
die Schnecke
das Gänseblümchen
die Lampe

Auch das, was wir fühlen, denken oder uns vorstellen, bezeichnen wir mit Nomen.

die Hitze
die Angst
die Zukunft
der Traum

Nomen können durch einen **Sammelnamen** (Oberbegriff) zusammengefasst werden.

die Kleidung:
die Hose, die Schuhe,
der Hut, die Socken,
der Schal, der Badeanzug,
das Unterhemd …

Spiel-tipp

Sammelnamen

Ein Mitspieler nennt einen Sammelnamen (Oberbegriff), z. B.: Spielzeug. Jeder sucht nun in zwei Minuten möglichst viele Nomen, die dazu passen, und schreibt sie auf. Wer hat die meisten Nomen gefunden?

Den **Artikel** gibt es in der **männlichen, weiblichen** und **sächlichen Form.**

der Baum
die Blume
das Haus

Man unterscheidet die **bestimmten Artikel:** der, die, das und die **unbestimmten Artikel:** ein, eine.

Die Mehrzahlform heißt: die.

Ich sehe **das** blaue Auto.
Ich sehe **ein** blaues Auto.
Ich sehe **die** blauen Autos.

Es gibt gleich lautende Nomen mit unterschiedlichem Artikel.

die Kiefer (Baum) – der Kiefer (Körperteil)
die See (Meer) – der See (Binnengewässer)

Eigennamen werden meistens ohne Artikel benutzt.
Peter und Kai besuchen Lara.

Einzahl (Singular) und Mehrzahl (Plural)

Die meisten Nomen können in der **Einzahl** und in der **Mehrzahl** vorkommen. Die **Mehrzahl** wird unterschiedlich gebildet:

- durch die Endungen -e, -er, -n, -en, -s

der Tisch – die Tisch**e**
das Brett – die Brett**er**
die Hose – die Hose**n**
die Frau – die Frau**en**
das Auto – die Auto**s**

- durch einen Umlaut

der Apfel – die **Ä**pfel
der Ofen – die **Ö**fen

- durch einen Umlaut und eine Endung

das Buch – die B**ü**ch**er**
die Bank – die B**ä**nk**e**

Manche Nomen unterscheiden sich in der Einzahl und in der Mehrzahl nur im Gebrauch des Artikels.

der Lehrer – **die** Lehrer
der Koffer – **die** Koffer

Es gibt Nomen, die nur in der Mehrzahl vorkommen: die Geschwister, die Ferien, die Leute …
Es gibt Nomen, die nur in der Einzahl vorkommen: der Ruhm, die Liebe, der Zucker …

Zusammengesetzte Nomen

Um etwas genauer auszudrücken, können aus zwei oder mehreren Wörtern **zusammengesetzte Nomen** gebildet werden.

Das erste Wort bestimmt das zweite, das **Grundwort,** genauer. Es heißt deshalb **Bestimmungswort.**

Holz Glas	+	Tisch	= Holztisch, Glastisch
Bestimmungswort		Grundwort	

Der **Artikel** richtet sich nach dem Grundwort.

das Holz + **der** Tisch = **der** Holztisch

Das **Bestimmungswort** kann auch ein Verb oder ein Adjektiv sein.

kaufen + das Haus = das Kaufhaus
blau + das Licht = das Blaulicht

Wörterkette

Wer kann die längste Wörterkette aus zusammengesetzten Nomen bilden? Dabei muss jeweils das Grundwort zum Bestimmungswort des nächsten zusammengesetzten Nomens werden.
GELD–BEUTEL–TIER–FUTTER–NAPF–KUCHEN

Spiel-tipp

Die vier Fälle des Nomens

Nomen können sich verändern, je nachdem, wie sie im Satz benutzt werden.
Nomen treten in vier verschiedenen Fällen auf.
Sie können jeweils in der Einzahl oder in der Mehrzahl stehen.

Nach dem Fall, in dem ein Nomen steht, kann man fragen:

Wer bellt? **Der Hund** bellt.

EINZAHL	
Frage	**Fall**
wer? oder **was?**	**1. Fall** (Nominativ) der Hund, die Tür, das Kind
wessen?	**2. Fall** (Genitiv) des Hundes, der Tür, des Kindes
wem?	**3. Fall** (Dativ) dem Hund, der Tür, dem Kind
wen? oder **was?**	**4. Fall** (Akkusativ) den Hund, die Tür, das Kind

Auch der **Artikel** verändert in den vier Fällen seine Form.

Spiel-
tipp

Nomenspiel

Viele verschiedene Nomen werden aus Zeitungen ausgeschnitten und in einem Briefumschlag gesammelt. Zwei Nomen werden gezogen. Jeder Mitspieler muss diese Wörter in einem Satz verwenden, den er aufschreibt. Anschließend werden die Sätze laut vorgelesen. In welchen Fällen wurden die Nomen gebraucht? Auch Unsinnsätze sind erlaubt!

Buch Katze

Mögen Katzen Bücher?
Das Buch handelt von einer Katze.

MEHRZAHL	
Frage	**Fall**
wer? oder **was?**	**1. Fall** (Nominativ) die Hunde, die Türen, die Kinder
wessen?	**2. Fall** (Genitiv) der Hunde, der Türen, der Kinder
wem?	**3. Fall** (Dativ) den Hunden, den Türen, den Kindern
wen? oder **was?**	**4. Fall** (Akkusativ) die Hunde, die Türen, die Kinder

Pronomen (Fürwörter)

Pronomen können **Nomen vertreten.** Man kann sie für Personen, Tiere, Pflanzen und Dinge einsetzen.

ich, du, er, sie, es, wir, ihr, sie

Er kann z. B. stehen für:
Lucas, der Tiger, der Baum, der Tisch, der Regen.

Sie kann z. B. stehen für:
Anna, die Maus, die Sonnenblume, die Tasche, die Liebe.

Es kann z. B. stehen für:
das Mädchen, das Känguru, das Buch, das Versprechen.

In einem Text ist der Gebrauch von Pronomen wichtig, um Wiederholungen zu vermeiden.

Timo kommt heute Nachmittag.
Er bringt mir sein Buch.

Pronomen können wie die Nomen **in den vier Fällen** stehen. Sie ändern dann ihre Form.

Der Lehrer erklärt die Hausaufgaben den Kindern.
Er erklärt **sie** **ihnen.**

Spiel-tipp

Was ist das?

Er trommelt aufs Dach und hat doch keine Hände. (der Regen)

Sie hat einen Bauch und auch einen Hals, aber keinen Kopf. (die Flasche)

Es hängt an der Wand und gibt jedem die Hand. (das Handtuch)
Wer kennt noch mehr Pronomenrätsel?

Personalpronomen (persönliche Fürwörter) vertreten eine oder mehrere Personen.

Einzahl

1. Person	**ich, mir, mich**	Eine Person spricht von sich.
2. Person	**du, dir, dich**	Eine Person wird angesprochen.
3. Person	**er, sie, es, ihm, ihn, ihr**	Über eine dritte Person wird gesprochen.

Mehrzahl

1. Person	**wir, uns**	Eine Person oder eine Gruppe spricht über sich und mehrere Personen.
2. Person	**ihr, euch**	Mehrere Personen werden angesprochen.
3. Person	**sie, ihnen**	Über mehrere Personen wird gesprochen.

Nicht verwandte oder nicht gut befreundete Erwachsene werden mit „Sie" angesprochen.

Diese Pronomen zeigen, wem etwas gehört.

mein, dein, sein, ihr, sein, unser, euer, ihr

sein Fotoapparat

ihre Brille

dein Teddybär?

Verben (Tunwörter, Tuwörter)

Verben sagen, was geschieht oder was getan wird. Sie bestehen aus einem Wortstamm und einer Endung. In der **Grundform** (Infinitiv) enden die Verben auf -en oder -n.

hab**en** lauf**en** feier**n** jubel**n** sei**n**

Verben werden kleingeschrieben.

Die Form der Verben ändert sich im Satz, je nachdem, wer etwas tut. Es gibt je drei **Personalformen** in der Einzahl und in der Mehrzahl.

Einzahl

1. Person	ich lern**e**	Eine Person spricht von sich selbst.
2. Person	du lern**st**	Eine Person wird angesprochen.
3. Person	er lern**t** sie lern**t** es lern**t**	Über eine dritte Person wird gesprochen.

Mehrzahl

1. Person	wir lern**en**	Mehrere Personen sprechen über sich.
2. Person	ihr lern**t**	Mehrere Personen werden angesprochen.
3. Person	sie lern**en**	Über mehrere Personen wird gesprochen.

Bei manchen Verben ändert sich in den Personalformen nicht nur die Endung, sondern auch der Wortstamm.

essen	**tragen**	**sein**	**haben**
ich esse	ich trage	ich bin	ich habe
du isst	du trägst	du bist	du hast
er isst	er trägt	er ist	er hat
wir essen	wir tragen	wir sind	wir haben
ihr esst	ihr tragt	ihr seid	ihr habt
sie essen	sie tragen	sie sind	sie haben

Spiel-tipp

Personalformen würfeln

Drei Verben werden in der Grundform aufgeschrieben.
Die Würfelaugen 1, 2, 3 bedeuten die drei Personalformen in der Einzahl. Die Würfelaugen 4, 5, 6 bedeuten die drei Personalformen in der Mehrzahl.
Abwechselnd wird gewürfelt.
Wer hat zuerst die richtigen Personalformen der Verben aufgeschrieben?
⚀ lesen = ich lese ⚁ lassen = du lässt …

Verben gibt es auch in der **Befehlsform.**

Lies das Buch.
Lest die Geschichte.
Lesen Sie bitte die Gebrauchsanweisung.

Im Wörterbuch stehen die Verben in der Grundform (Infinitiv).

Zeitformen der Verben

Die Form eines Verbs sagt uns, **wann** etwas geschieht.

Lea **isst** ihre Suppe.
Vorher **hat** sie **gekocht.**
Später **wird** sie den Tisch **abräumen.**

Geschieht etwas **jetzt,** benutzt man die Zeitstufe **Gegenwart** (Präsens).

Er **sitzt** auf der Wiese.
Sie **lacht.**
Der Drachen **fliegt.**

Die **1. Vergangenheit** (Präteritum, Imperfekt) verwenden wir, wenn wir etwas **aufschreiben,** was schon einige Zeit zurückliegt, was **vorbei** ist.

Er **saß** auf der Wiese.
Sie **lachte.**
Der Drachen **flog.**

Wenn wir etwas **erzählen,** was schon **vorbei** ist, gebrauchen wir die **2. Vergangenheit** (Perfekt).

Er **hat** auf der Wiese **gesessen.**
Sie **hat gelacht.**
Der Drachen **ist geflogen.**

Bei vielen Verben ändert sich in den Vergangenheitsformen der Wortstamm.

gehen: ich **ging** – ich bin ge**gang**en
fahren: er **fuhr** – er ist ge**fahr**en

Um die 2. Vergangenheit zu bilden, braucht man die Hilfsverben **haben** oder **sein.**

Ich **habe** gegessen.	Ich **bin** gelaufen.
Du **hast** gegessen.	Du **bist** gelaufen.
Sie **hat** gegessen.	Sie **ist** gelaufen.
Wir **haben** gegessen.	Wir **sind** gelaufen.
Ihr **habt** gegessen.	Ihr **seid** gelaufen.
Sie **haben** gegessen.	Sie **sind** gelaufen.

Spiel-tipp

Zeitstufen-Paare

Ein DIN-A4-Blatt viermal bis zur Hälfte falten, sodass 16 Felder entstehen. Jeweils in ein Feld die Personalform eines Verbs in der Gegenwart schreiben und in ein weiteres Feld die dazugehörende Personalform in der 1. Vergangenheit.
Die 16 Felder ausschneiden, umdrehen und mischen.
Wer findet die meisten Paare?

wir laufen – wir liefen   ich sitze – ich saß

Die Zeit, die erst **später** kommen wird, nennt man **Zukunft** (Futur).

Er **wird** auf der Wiese **sitzen.**
Sie **wird lachen.**
Der Drachen **wird fliegen.**

Die Zukunft wird mit einer Form des Verbs **werden** gebildet.

Ich **werde** singen. Du **wirst** singen. Er **wird** singen.
Wir **werden** singen. Ihr **werdet** singen. Sie **werden** singen.

Adjektive (Wiewörter, Eigenschaftswörter)

1 2
4 3

Adjektive sagen, wie Menschen, Tiere, Pflanzen oder Dinge sind und welche Eigenschaft sie haben.
Adjektive werden kleingeschrieben.

schlau schnell
morsch grün
Der Ast ist **morsch.**

Adjektive können auch die Art einer Tätigkeit oder ein Verhalten beschreiben.

Maria trainiert **fleißig.**
Raoul rennt **schnell.**

Adjektive verändern ihre Form, wenn sie vor Nomen stehen.

die **starke** Maria
der **schnelle** Raoul
ein **morscher** Ast

Die Wortbausteine -ig, -lich, -isch, -bar, -haft, -sam kennzeichnen Adjektive.

bill**ig** fried**lich** stürm**isch** wunder**bar**
rätsel**haft** furcht**sam**

Spiel-
tipp

Wer findet die meisten Adjektive?

Jeder Spieler legt eine Tabelle mit den Adjektiv-Endungen an. Ein Spieler sagt in Gedanken das ABC auf, bei „Stopp“ nennt er den Buchstaben. Wer findet die meisten passenden Adjektive?

-ig	-lich	-bar	-isch	-haft
durstig	dämlich	dehnbar	diebisch	damenhaft

Adjektive helfen **vergleichen.**

schnell	schneller	am schnellsten
Grundstufe	1. Vergleichsstufe	2. Vergleichsstufe

Das Haus ist klein.
Die Maus ist kleiner.
Die Laus ist am kleinsten.

Einige Vergleichsformen werden unregelmäßig gebildet.

gut – besser – am besten
viel – mehr – am meisten

Es gibt Adjektive, die nicht gesteigert werden können: rund, weiß, tot …

Gleiches wird mit dem Vergleichswort **wie** beschrieben.

Paula ist so groß **wie** Max.

Unterschiedliches wird mit dem Vergleichswort **als** und dem Adjektiv in der 1. Vergleichsstufe beschrieben.

Der Hase ist schneller **als** der Igel.

Adjektive können aus verschiedenen Wörtern zusammengesetzt sein.

schwindelfrei	=	der Schwindel + frei
bitterkalt	=	bitter + kalt
reißfest	=	reißen + fest

Durch einen Vergleich können zusammengesetzte Adjektive etwas genauer beschreiben.

schneeweiß	–	weiß wie Schnee
bärenstark	–	stark wie ein Bär
messerscharf	–	scharf wie ein Messer

Mit Adjektiven können Gegensätze beschrieben werden.

kurz – lang, dick – dünn
Das Bonbon schmeckt süß.
Die Zitrone schmeckt sauer.

Bei manchen Adjektiven kann man durch die Vorsilbe **un-** das Gegenteil bilden.

genau – **un**genau
sauber – **un**sauber

Spiel-tipp

Teekesselchen

Zwei Spieler suchen ein Wort mit zwei Bedeutungen. Jeder umschreibt sein Wort, ohne es zu nennen. Treffende Adjektive können dabei helfen, dass die Zuhörer das „Teekesselwort" bald erraten.
Er ist bunt, laut, wacht am frühen Morgen auf …
(der Hahn – Tier)
Er ist oft drehbar, beweglich, aus glänzendem Metall …
(der Hahn – Wasserhahn)

Verhältniswörter, Bindewörter und Umstandswörter

Verhältniswörter (Präpositionen) drücken das räumliche oder zeitliche Verhältnis von Dingen oder Personen zueinander aus:
an, auf, bei, in, neben, über, unter, zwischen, ab, bis, nach, seit, um, während, vor …

Die Katze sitzt **vor** dem Fernseher.
Sie sitzt **seit** gestern hier.

Bindewörter (Konjunktionen) verbinden Wörter, Wortgruppen und Sätze miteinander: und, weil, oder, obwohl, dass, wenn …

Im Korb liegen Nüsse **und** Kastanien.
Er geht spazieren, **obwohl** es regnet.

Umstandswörter (Adverbien) beschreiben die näheren Umstände eines Geschehens. Sie zeigen, wo, wann, wie oder warum etwas passiert: da, dort, bald, gestern, rückwärts, deshalb …

Gestern lief er **anders.**
Deshalb kam er **dort** an.

Verhältniswörter, Bindewörter, Umstandswörter können ihre Form nicht verändern.

Der Satz

Satzarten

Wenn wir sprechen oder schreiben, haben wir verschiedene Absichten.

Mit **Aussagesätzen** wollen wir etwas mitteilen, berichten oder erzählen. Sie werden mit einem **Punkt** abgeschlossen.

Gestern war ich im Zoo.
Ich beobachtete die Lamas.

Der Satzanfang wird immer großgeschrieben.

Mit **Fragesätzen** wollen wir etwas erfahren, was wir noch nicht wissen.
Wenn Fragesätze mit dem Verb beginnen, kann man mit ja, nein oder vielleicht antworten. Man muss sich entscheiden.

Gehst du heute in die Schule?
Nein, ich bin krank.

Will man nähere Einzelheiten wissen, muss man mit einem **Fragewort** beginnen: wann, wo, wohin, wer, was, wen, wem, warum, wie …

Wo ist deine Schultasche?
Sie steht unter dem Tisch.

Der **Fragesatz** endet mit einem **Fragezeichen.**

Personen raten

Ein Mitspieler denkt an eine bekannte Person. Die Ratenden stellen Fragen, die nur mit „ja“ oder „nein“ beantwortet werden dürfen.

„Ist die Person weiblich?“ – „Hat sie blonde Haare?“
Wer löst das Rätsel mit 10 Fragen?

Spiel-tipp

Mit **Aufforderungssätzen** wollen wir jemanden auffordern etwas zu tun. Man gebraucht dazu die Befehlsform der Verben.
Aufforderungssätze werden mit einem **Punkt** abgeschlossen.

Gib mir das Buch. Leg es dort auf den Tisch.

Wenn man jemanden **nachdrücklich auffordern** will, kann man ein **Ausrufezeichen** setzen.

Gib mir sofort das Buch!

Nach dem **Ausrufesatz** steht ein **Ausrufezeichen.**

Toll, ich habe es geschafft!
Juhu, ich habe keine Fehler!
Hilfe! Haltet den Dieb!

Der Satz

Satzglieder

Ein Satz besteht aus mehreren **Satzgliedern.**
Satzglieder sind Wörter oder Wortgruppen, die im Satz umgestellt werden können.
Beim **Umstellen** der Satzglieder bleibt der Sinn des Aussagesatzes erhalten.

Jakob | malt | ein lustiges Gesicht | an die Tafel.

An die Tafel | malt | Jakob | ein lustiges Gesicht.

Ein lustiges Gesicht | malt | Jakob | an die Tafel.

Wenn ein Satzglied besonders betont werden soll, kann man es an den Anfang des Satzes stellen.

Wenn man den Sinn verändern oder etwas treffender ausdrücken will, kann man ein Satzglied durch ein anderes **ersetzen**.

Jakob | malt | an die Tafel.

Jakob | schreibt | an die Tafel.

Jakob | schreibt | in sein blaues Deutschheft.

Ein Aussagesatz besteht aus mindestens zwei Satzgliedern: dem **Subjekt** (Satzgegenstand) und dem **Prädikat** (Satzkern).

Durch die Fragen **Wer?** oder **Was?** kann das **Subjekt** ermittelt werden. Es sagt, **wer** etwas tut.
Das Subjekt kann aus einem Wort oder aus mehreren Wörtern bestehen.

Wer sitzt auf dem Stuhl? Er sitzt auf dem Stuhl.
Wer singt? Der lustige Clown singt.

Mit den Fragen **Was tut jemand?** oder **Was geschieht?** findet man das Satzglied, das man **Prädikat** nennt.
Das Prädikat besteht aus einem Verb in der Personalform und steht im Aussagesatz immer an der zweiten Stelle.

Was macht der Ritter?
Der Ritter kämpft.
Was geschieht? Es regnet.

Das Subjekt und das Prädikat müssen in ihrer Form (Person, Einzahl oder Mehrzahl) und in ihrem Sinn zueinander passen.

Spieltipp

Welche Berufe sind gemeint?

Wer kann so genau pantomimisch darstellen, was eine Person tut, dass die Mitspieler erkennen, welcher Beruf gemeint ist? Derjenige, der die Lösung gefunden hat, darf das nächste Rätsel aufgeben.

Seiltänzerin, Fliesenleger, Astronautin

Der Satz

Das **Prädikat** kann aus **zwei Teilen** bestehen.

Die Kinder sind nach Hause gegangen.

Heute wollen sie schnell laufen.

Auch zusammengesetzte Verben können in zwei Teile zerlegt werden.

wegfahren: Wir fahren mit dem Auto weg.
abholen: Ich hole das Paket ab.

Ist die erste Silbe des zusammengesetzten Verbs unbetont, bleiben die beiden Teile des Verbs zusammen.

über**holen**: Das Auto überholt den Lastwagen.
nachholen: Der Schüler holt die Stunde nach.

Verben mit unterschiedlicher Betonung haben auch unterschiedliche Bedeutungen.

wieder**holen**: Die Schülerin wiederholt die Übung.
wiederholen: Ich hole die Bücher später wieder.

Viele Verben fordern ein oder mehrere **Objekte** (Ergänzungen). Wenn diese Ergänzungen fehlen, bleiben Fragen offen.

Auf die Frage **Wen?** oder **Was?** steht die Satzergänzung im 4. Fall (Akkusativ). Man nennt die Antwort deshalb **Ergänzung im 4. Fall** (Akkusativobjekt).

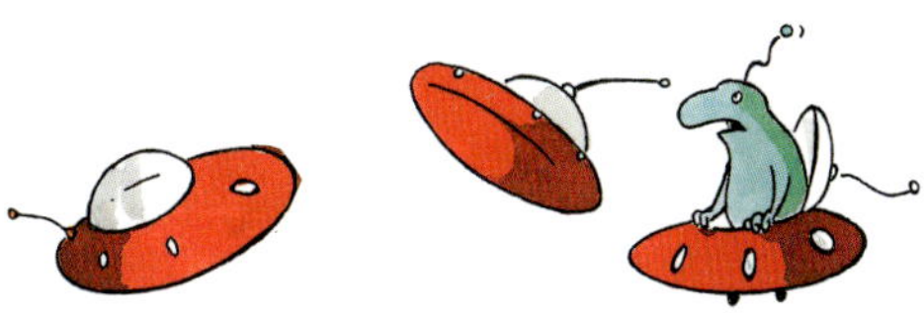

Das Mädchen sieht	**Wen?** oder **Was?**	ein Ufo.
Er sucht	**Wen?** oder **Was?**	seinen Ball.
Bald findet er	**Wen?** oder **Was?**	ihn.

Auf die Frage **Wem?** folgt die **Ergänzung im 3. Fall** (Dativobjekt).

Der Lehrer glaubt	**Wem?**	dem Jungen.
Ich leihe das Buch	**Wem?**	meiner Oma.
Er bringt es	**Wem?**	ihr.

Sätze können auch mehrere Ergänzungen haben.

Ich schenke meiner Mutter eine Blume.

Dativobjekt Akkusativobjekt

Das Buch gebe ich der Lehrerin.

Akkusativobjekt Dativobjekt

Der Satz

Viele Sätze enthalten Angaben, die die Umstände des Geschehens noch genauer erklären. Diese Satzglieder nennt man **adverbiale Bestimmungen** (Umstandsbestimmungen).

Satzglieder, die auf die Fragen **Wann?, Seit wann?, Wie lange?** Antwort geben, sind **Zeitangaben.**

Die **Ortsangaben** geben Antwort auf die Fragen **Wo?, Wohin?, Woher?.**

Mit der Frage **Wie geschieht etwas?** wird nach der **Art und Weise** gefragt.

Timo geht	**ins Geschäft.**	**Wohin?**
Timo geht	**alleine** ins Geschäft.	**Wie?**
Timo geht	**heute** alleine ins Geschäft.	**Wann?**

Spiel-
tipp

Lustige Sätze

Ein Blatt wird in fünf Spalten geteilt und mit den unten stehenden Fragen beschriftet.
Jeder Mitspieler beantwortet eine Frage, klappt die Spalte nach hinten und gibt das Blatt weiter. Ist eine Reihe ausgefüllt, wird der Satz vorgelesen.

Wer?	Macht was?	Wann?	Wie?	Wo?
Tante Lena	telefoniert	nachts	schreiend	auf dem Dach

Satzverbindungen

Sätze können aneinander gereiht oder mit einem Bindewort verbunden werden:
und, oder, denn, aber, wenn, dass, weil …

1. Satz: Leon ist jetzt in der Schule.
2. Satz: Später geht er in die Bibliothek.

Leon ist jetzt in der Schule **und** später geht er in die Bibliothek.

> Vor **und** und **oder** steht zwischen den Sätzen kein Komma.

Sätze können auch so verbunden werden, dass einer vom anderen abhängig ist.
Ein solches Satzgefüge besteht aus einem **Hauptsatz** und einem **Nebensatz.** Der Nebensatz kann nicht alleine stehen und beginnt mit einem Bindewort.

Wir freuen uns, **dass** du da bist.
Hauptsatz Nebensatz

Ich hoffe, **dass** du heute kommst.
Hauptsatz Nebensatz

Wenn er mich besucht, backe ich einen Kuchen.
Nebensatz Hauptsatz

Wörtliche Rede

In der **wörtlichen Rede** werden gesprochene oder gedachte Sätze aufgeschrieben. Die wörtliche Rede wird durch **Anführungszeichen** gekennzeichnet.

Wie gesprochen wird und **wer** spricht, wird im **Begleitsatz** dargestellt. Der Begleitsatz kann **vor, hinter** oder **zwischen** der wörtlichen Rede stehen.

Wörtliche Rede mit **vorangestelltem Begleitsatz:**

Maria sagt:	„Klaus ist am Telefon."
Ayshe fragt:	„Was will er?"
Maria ruft:	„Keine Ahnung!"
Begleitsatz	wörtliche Rede

Der **nachgestellte Begleitsatz** wird durch ein Komma von der wörtlichen Rede getrennt:

„Ich bin hier",	flüstert Tim.
„Wo bist du?",	fragt Lea.
„Such mich!",	ruft Tim.
wörtliche Rede	Begleitsatz

Der **eingeschobene Begleitsatz** wird durch Kommas abgetrennt:

„Ich sehe dich",	erklärt Lea,	„und komme zu dir."
wörtliche Rede	Begleitsatz	wörtliche Rede

Beim Aussagesatz fällt der Punkt weg, wenn der Begleitsatz nachgestellt ist.

Wortarten bestimmen

Wenn man mehrere der folgenden Fragen mit „ja“ beantworten kann, ist das überprüfte Wort ein **Nomen**.

Kann ich es **anfassen, sehen** oder **zählen**?

der **Baum** der **Himmel**

Kann ich es **haben** oder **empfinden**?

die **Grippe** die **Angst**

Kann ich einen **Artikel** vor das Wort setzen?

der Mann **die** Frau **das** Kind

Zwischen dem Artikel und dem Nomen können ein oder mehrere Adjektive stehen.
Das lustige, neugierige **Kind** …

Gibt es das Wort auch in der **Mehrzahl?**

die Maus – die Mäuse
die Angst – die Ängste
der Gedanke – die Gedanken

Tipps

Endet das Wort mit einem dieser **Wortbausteine?**
-ung, -heit, -keit, -schaft, -nis, -ling, -in, -er, -ei

die Entdeck**ung**
die Klug**heit**
die Sparsam**keit**
die Freund**schaft**
das Zeug**nis**
der Früh**ling**
die Pilot**in**
der Entdeck**er**
die Zauber**ei**

Mit den folgenden Fragen können Beweise für ein **Verb** gefunden werden.

Was tut jemand?

er backt – backen
sie läuft – laufen

Was geschieht?

es regnet – regnen
es knallt – knallen

Kann ich ein **Pronomen** (Fürwort) vor das Wort setzen?

ich spiele, **du** spielst,
er, sie, es spielt,
wir spielen,
ihr spielt, **sie** spielen

Kann ich verschiedene Zeitformen bilden?

ich **komme** – ich **kam** – ich **werde kommen**
wir **laufen** – wir **liefen** – wir **werden laufen**

Kann man mehrere dieser Fragen mit „ja“ beantworten, ist das zu bestimmende Wort ein **Adjektiv.**

Wie ist jemand oder etwas?

mutig
schmutzig

Passt das Wort **zwischen einen Artikel und ein Nomen?**

das **mutige** Mädchen
das **schmutzige** Wasser

Kann ich das **Gegenteil** finden?

dick – dünn
traurig – fröhlich
geschickt – ungeschickt

Gibt es **Vergleichsformen?**

schön – schöner – am schönsten
laut – lauter – am lautesten
viel – mehr – am meisten

Endet das Wort mit einem dieser **Wortbausteine?**
-ig, -lich, -bar, -isch, -haft, -sam, -los

durst**ig,** freundl**ich,** dank**bar,** trag**isch,** glaub**haft,** spar**sam,** glück**los**

Satzglieder bestimmen

Bei der Bestimmung der **Satzglieder** helfen diese Fragen:

			wo?
		wem?	
wer?	tut was?		wie?
		wen?	
			wann?
Subjekt	Prädikat	Objekt	adverbiale Bestimmung

Satzglieder können umgestellt werden.

Am Abend	kocht	Paula	ihrer Schwester
wann?	tut was?	wer?	wem?
Zeitangabe	Prädikat	Subjekt	Ergänzung im 3. Fall (Dativobjekt)

in der Küche	eine Suppe	mit viel Gemüse.
wo?	was?	wie?
Orts-angabe	Ergänzung im 4. Fall (Akkusativobjekt)	Angabe der Art

Diese Proben helfen die Satzglieder zu erkennen.

Umstellprobe
Welche Wörter kann ich im Satz **allein,** welche Wörter kann ich im Satz **nur zusammen umstellen?**

Er | geht | heute | in die Bibliothek.

Heute | geht | er | in die Bibliothek.

In die Bibliothek | geht | er | heute.

Geht | er | heute | in die Bibliothek?

Weglassprobe
Kann ich im Satz einzelne Wörter oder Wortgruppen **weglassen?**

Er | geht | heute | in die Bibliothek.

Er | geht | in die Bibliothek.

Er | geht | heute.

Er | geht.

Ersatzprobe
Kann ich im Satz einzelne Wörter oder Wortgruppen **ersetzen?**

Er | geht | heute | in die Bibliothek.

Klaus geht heute in die Bibliothek.

Er fährt heute in die Bibliothek.

Er geht morgen in die Bibliothek.

Er geht heute ins Schwimmbad.

Satzanfänge und Nomen

Um keine Fehler in der Groß- und Kleinschreibung zu machen, muss man wissen, welche Wörter **großgeschrieben** werden. Alle anderen Wörter werden kleingeschrieben. Das sind sehr viel mehr.

Das **erste Wort im Satz** und auch das **erste Wort einer Überschrift** werden großgeschrieben.

Meine Ferienerlebnisse

In der ersten Woche fuhr ich zu meiner Tante. **O**bwohl es ununterbrochen regnete, hatten wir viel Spaß.

Auch nach einem Fragezeichen oder einem Ausrufezeichen beginnt der nächste Satz mit einem Großbuchstaben.

Lass das sofort sein!
Warum machst du das?
Das finde ich nicht gut.

Das erste Wort in der wörtlichen Rede wird großgeschrieben.

„**K**ommst du noch vorbei?“, fragte er.
Er fragte: „**K**ommst du noch vorbei?“

Nomen (Namenwörter, Substantive) werden großgeschrieben.
Sie bezeichnen Personen, Tiere, Pflanzen und Dinge.

die **L**ehrerin, der **T**iger, die **B**uche, das **S**chulbuch

Auch was wir fühlen, denken oder uns vorstellen, können wir mit Nomen ausdrücken.

die **W**ärme
der **A**bend
die **R**uhe
das **P**aradies

Jedes Nomen hat einen **Artikel** (Begleiter).
Er muss nicht direkt vor dem Nomen stehen.

die angenehme **Wärme**

der ruhige **Abend**

Eigennamen von Personen, Ländern, Städten, Flüssen … werden großgeschrieben.

Thomas, **A**laska, **M**oskau, der **R**hein

Stadt, Land, Fluss, …

Jeder Mitspieler unterteilt sein Blatt in sieben Spalten und überschreibt sie mit:
Stadt, Land, Fluss, Beruf, Pflanze, Tier, Vorname.
Durch leises Auszählen wird ein Anfangsbuchstabe bestimmt.
Wer hat zuerst für alle Oberbegriffe ein passendes Nomen gefunden?

Spiel-tipp

Groß- und Kleinschreibung

Wörter mit den nachgestellten Wortbausteinen **-heit, -keit, -ung, -schaft, -nis, -tum** sind **Nomen** und werden großgeschrieben.

die Wahr**heit,** die Freundlich**keit,** die Vertret**ung,** die Verwandt**schaft,** das Ereig**nis,** der Irr**tum**

Nomen können auch aus Verben (Tunwörter, Tuwörter) oder Adjektiven (Wiewörter, Eigenschaftswörter) entstanden sein.

Verben	–	**Nomen**
umgeben	–	die Umgeb**ung**
erleben	–	das Erleb**nis**

Adjektive	–	**Nomen**
freundlich	–	die Freundlich**keit**
faul	–	die Faul**heit**

Auch ohne das Anhängen von Wortbausteinen können Verben zur Wortart Nomen wechseln. Dann werden sie großgeschrieben.

Er bereitet **das Essen** vor.
Das Üben macht mir keinen Spaß.
Nach **dem Schwimmen** komme ich zu dir.

Man erkennt diese Nomen daran, dass man den Artikel **das** davorsetzen kann.

das Essen, **das** Üben, **das** Schwimmen

Manchmal hat sich der Artikel versteckt:
beim Toben = bei dem Toben
vom Singen = von dem Singen
zum Essen = zu dem Essen
am Lachen = an dem Lachen

Auch aus Adjektiven können Nomen werden, ohne dass ein Wortbaustein angehängt wird.

Der Erste soll schwimmen.
Die Schnellste kommt in den Endlauf.
Zum Schluss gibt es **das Beste.**

Aus Adjektiven werden häufig Nomen in Verbindung mit den Wörtern **alles, viel, etwas, genug, nichts, wenig.**

Wir wünschen dir **alles Gute.**
Viel Neues gab es nicht.
Ich lese **etwas Spannendes.**

Die **Anredepronomen** (Fürwörter) Sie, Ihr, Ihre, Ihnen … werden großgeschrieben.
Nicht verwandte oder nicht gut befreundete Erwachsene werden im Brief mit dieser Höflichkeitsform angesprochen.

Ich möchte **Sie** bitten, **Ihren** Wagen heute abzuholen.

Die Anredepronomen du, dir, ihr, euch … können in Briefen klein- oder großgeschrieben werden.

Kommt **ihr** heute zu mir? / Kommt **Ihr** heute zu mir?

Lange und kurze Vokale

Lange Vokale (Selbstlaute)

Jedes Wort besteht aus einer oder mehreren Silben. Jede Silbe hat einen Vokal, Umlaut oder Doppellaut.

Scho-ko-la-de, Näs-se, Mais, tau-chen

Wenn bei mehrsilbigen Wörtern die betonte Silbe mit einem Konsonanten (Mitlaut) endet, dann wird der Vokal kurz gesprochen. Endet sie mit einem Vokal, wird dieser lang gesprochen.

O-fen oder of-fen
Mie-te oder Mit-te
Hü-te oder Hüt-te

Ein Doppellaut ist immer lang.

Bäu me, Lei-ter, freu-en

Wörter mit langem Vokal können unterschiedlich geschrieben werden.

Lautgetreue Schreibung: Die Wörter werden so geschrieben, wie sie gesprochen werden, also mit einfachem Vokal.

das Lama, wer, die Not, sagen, das Leder

Verdopplung des Vokals: Diese Wörter muss man lernen.

aa: Aal, Haar, Paar, Saal, Saat, Staat, Waage
ee: Beere, Beet, Fee, Idee, Kaffee, Klee, leer, Meer, Schnee, See, Speer, Teer, Tee
oo: Boot, Moor, Moos, Zoo

Dehnungs-h: Wörter mit Dehnungs-h muss man lernen.

f**ah**-ren, der L**eh**-rer, **ih**m, h**oh**l, die **Uh**r, st**öh**-nen, das Gef**üh**l, das H**uh**n

In einer Wortfamilie bleibt das Dehnungs-h bei allen Verwandten erhalten.

Spiel-tipp

Dehnungs-h-Wörterraten

Ein Mitspieler nennt ein Verb mit einem Dehnungs-h. Wer findet in zwei Minuten die meisten Verwandten?

wohnen: die Wohnung, bewohnt, der Bewohner, das Wohnhaus, die Wohnungseinrichtung, unwohnlich …

Silbentrennendes h: Das **h** kann man hören, wenn man das Wort deutlich spricht.

dre-**h**en, dro-**h**en, die Ru-**h**e, fä-**h**ig, die Hö-**h**e, er zie**h**t – zie-**h**en, sie sie**h**t – se-**h**en

Ein lang gesprochenes i wird meistens mit **ie** geschrieben.

die B**ie**-ne, r**ie**-chen, t**ie**f, das S**ie**b, er l**ie**f

Ausnahmen, in denen das i lang gesprochen wird: dir, mir, wir, er gibt, der Biber, die Brise, der Igel, der Tiger, die Fibel, die Primel, die Nische, das Kino …

Folgende Wörter werden mit **ih** geschrieben.

ihm, ihn, ihnen, ihr, Ihr, Ihre, Ihren, Ihrem

Lange und kurze Vokale

Kurze Vokale (Selbstlaute)

Nach einem kurzen, betonten Vokal oder **Umlaut** folgen meistens **zwei Konsonanten** (Mitlaute).
Es können **zwei verschiedene Konsonanten** sein:

der Ka**st**en, sto**lp**ern, ha**lt**en, die Ä**pf**el,
wi**nz**ig, stü**rz**en, da**nk**en, me**rk**en

Es können auch **zwei gleiche Konsonanten** sein:

die Ka**ss**e, be**ll**en, der Gewi**nn**er, die So**nn**e,
die Nä**ss**e, fü**ll**en, der Lö**ff**el, ku**ll**ern

Beim deutlichen Sprechen von mehrsilbigen Wörtern hört man, dass der erste Konsonant die Silbe schließt und der zweite am Anfang der nächsten Silbe steht.

der Ka**s-t**en, sto**l-p**ern,
be**l-l**en, die Ka**s-s**e

Steht der Doppelkonsonant **am Ende des Wortes,** kann man ihn nicht abhören. Die Verlängerungsprobe hilft.

der Si**nn** – die Si**n-n**e
schne**ll** – schne**l-l**er
du**mm** – dü**m-m**er
die Nu**ss** – die Nü**s-s**e

Spiel-tipp

Reimwörter

Wer findet die meisten Reimwörter für ein Wort mit doppeltem Konsonanten?
die Kasse: die Tasse, fasse, die Rasse …

tz und ck

Nach einem kurzen Vokal (Selbstlaut) werden auch die Konsonanten (Mitlaute) **z** und **k** verdoppelt.
Statt **zz** schreibt man **tz.**

die Ka**tz**e, si**tz**en, wi**tz**ig
der Bli**tz** – die Bli**t-z**e

Statt **kk** schreibt man **ck.**

ba**ck**en, die So**ck**en, we**ck**en

> Das **ck** wird nicht getrennt:
> das Päck-chen – wir pa-cken
> wir ba-cken – wir back-ten

Es gibt **kleine Wörter** mit einem **kurz gesprochenen Vokal,** die ihren Mitlaut nicht verdoppeln. Diese muss man sich gut merken:

ab, an, bis, dran, drin, hin, im, in, man,
mit, ob, plus, um, vom, was, weg, zum

Auch die Verbformen **ich bin** und **er hat** bilden eine Ausnahme.

Der nachgestellte Wortbaustein -**in** wird nur in der Mehrzahl mit Doppelkonsonant geschrieben.

die Ärzt**in** – die Ärzt**innen**
die König**in** – die König**innen**

s-Laute

s, ss oder ß

Am **Ende eines Wortes** schreibt man **s,** wenn man beim Verlängern ein weich gesprochenes, **stimmhaftes s** hört.

das Gra**s** – die Grä-**s**er
die Mau**s** – die Mäu-**s**e
der Prei**s** – die Prei-**s**e
der Fel**s** – die Fel-**s**en
er la**s** – sie la-**s**en

Nach einem kurzen, betonten Vokal schreibt man **ss.**

ich fa**ss**e – du fa**ss**t – er fa**ss**t –
wir fa**ss**en – ihr fa**ss**t – sie fa**ss**en
die Ka**ss**e, fre**ss**en,
na**ss,** das Me**ss**er,
der Imbi**ss**

ß steht **nie nach** einem **kurzen Vokal.**

wir aßen, außen, außerdem, bloß, äußern,
beißen, das Gefäß, der Gruß, die Füße,
sie ließ, weiß, schließlich, groß, dreißig,
scheußlich

Spiel-tipp

ß-Wörter

Mindestens 20 ß-Wörter werden auf Kärtchen geschrieben.
Ein Mitspieler zieht ein Wort und umschreibt es, ohne das Wort selbst zu nennen.
Wer es errät, darf in der nächsten Runde ein Wort ziehen.

Es handelt sich um ein einsilbiges Nomen, ein Körperteil, er kommt immer doppelt vor … (der Fuß)

In einer **Wortfamilie** kann der s-Laut sowohl mit ss als auch mit ß geschrieben werden. Es ist deshalb wichtig, deutlich zu sprechen, um zu hören, ob der vorangegangene Laut kurz oder lang ist.

essen: er i**ss**t, er a**ß**, er hat gege**ss**en,
das E**ss**zimmer …
gießen: er gie**ß**t, er go**ss**, er hat gego**ss**en,
der Gu**ss**, die Gie**ß**kanne …
wissen: er wei**ß**, er wu**ss**te, er hat gewu**ss**t,
das Wi**ss**en, wi**ss**begierig,
Wi**ss**enschaftler …

Bei dem Wortbaustein **-nis** wird das s nur in der Mehrzahl verdoppelt.

das Geheimnis – die Geheim**nisse**
die Kenntnis – die Kennt**nisse**
das Ereignis – die Ereig**nisse**

das oder dass?

Dass-Sätze folgen oft nach Verben des Sagens, Denkens oder Meinens.

Sie sagte, **dass** sie morgen kommt.
Er glaubt nicht, **dass** es bald regnet.
Wir hoffen, **dass** es schneit.

Das Wörtchen **das** kann durch die Wörter **dieses** oder **welches** ersetzt werden.
Ich glaube nicht, dass ich
das Mädchen treffe, das rote Haare hat.
(dieses) (welches)

St/st und Sp/sp

Am Anfang eines Wortes oder einer Silbe schreibt man **St/st,** aber man spricht „**scht**“.

der Storch, der Stern,
starren, steil, die Staffelei,
stolpern, verstecken,
anstacheln, erstechen

Der Laut „**schp**“ wird **Sp/sp** geschrieben.

der Spaten, die Spüle,
sperren, spitz,
sprengen, versprochen,
vorspielen, anspornen,
das Gespenst

Spiel-tipp

Zungenbrecher

„Stefan stolperte über steile Stufen, über steile Stufen stolperte Stefan.“ Wer kann diesen Satz möglichst schnell aufsagen, ohne sich zu versprechen?
Wer kann einen weiteren Zungenbrecher mit möglichst vielen Sp/sp- oder St/st-Wörtern bilden?

f, v oder pf

Die meisten Wörter mit einem **f-Laut am Anfang des Wortes** werden mit **F/f** geschrieben.

der Fisch, der Frosch, der Fuß,
die Fledermaus, fangen,
er fiel, für, fantastisch,
flott, finden, fahren

Nur **in wenigen Wörtern** und in dem vorangestellten Wortbaustein **ver-** schreibt man den f-Laut am Anfang eines Wortes als **V/v.** Diese Wörter muss man auswendig lernen.

der Vater, das Veilchen,
der Vetter, das Vieh,
das Viertel, das Vlies, der Vogel,
das Volk, der Verband, voll, vom,
vor, vorderen, vorn, verlieren,
verschenken, verliebt, viel,
vielleicht, vier

In **Fremdwörtern** wird das **V/v oft als W/w** gesprochen.

die Vase, der Vampir, die Visite,
die Villa, die Vitamine, der Vulkan,
das Klavier, die Olive, virtuos, das Video,
das Virus, das Verb, violett,
vage, privat

Einige Wörter haben den Anlaut **Pf/pf.**

die Pfanne, die Pflicht, das Pferd, der Pfeil,
die Pfütze, pflanzen, pflücken, pflegen, pfiffig

Anlaute und Auslaute

B/b, D/d und G/g

1 2
4 3

Am Anfang eines Wortes klingen die weich gesprochenen Laute **B/b, D/d** und **G/g** ähnlich wie die hart gesprochenen Anlaute **P/p, T/t** und **K/k.**

backen – **p**acken
der **D**ank – der **T**ank
die **G**asse – die **K**asse

Nur durch deutliches Sprechen können die Laute unterschieden werden. Bei der Aussprache kann auch auf die entweichende Luft geachtet werden.

Am Ende eines Wortes, eines Wortstamms oder einer Silbe kann man nicht gut hören, ob man b oder p, g oder k, d oder t schreiben muss.

der Dieb, der Hund, der Berg,
er grub, sie fand, es wiegt, lieb, mild, klug

Die **Verlängerungsprobe** hilft, den richtigen Buchstaben zu finden. Am Silbenanfang kann man b, d und g hören.

Nomen kann man durch die Bildung der Mehrzahl verlängern.

der Die**b** – die Die-**be**
der Hun**d** – die Hun-**de**
der Ber**g** – die Ber-**ge**

Spieltipp

Auslaut-Paare

Ein DIN-A4-Blatt wird durch viermaliges Falten in 16 Felder aufgeteilt. In acht Felder wird je ein Nomen mit einem b, d oder g als Auslaut geschrieben. In die anderen acht Felder werden die entsprechenden Pluralformen geschrieben. Die Felder werden ausgeschnitten und verdeckt ausgelegt.
Wer findet die meisten Paare?

Bei Verben kann als Verlängerungsprobe die Wir-Form gebildet werden.

er gru**b** – wir gru-**ben**
sie fan**d** – wir fan-**den**
es wie**g**t – wir wie-**gen**

Adjektive kann man verlängern, indem man die Vergleichsform bildet.

lie**b** – lie-**ber**
mil**d** – mil-**der**
hungri**g** – hungri-**ger**

Anlaute und Auslaute

Adjektive kann man auch verlängern, indem man ein Nomen ergänzt.

gel**b** – die gel-**b**e Decke
run**d** – der run-**d**e Tisch
schrä**g** – die schrä-**g**e Wand

Bei zusammengesetzten Wörtern muss das Wort mit dem schwierigen Auslaut herausgetrennt und dann verlängert werden.

das Raubtier: der Rau**b** – rau-**b**en
das Abendessen: der Aben**d** – die Aben-**d**e
der Bergsteiger: der Ber**g** – die Ber-**g**e

Innerhalb der Wortfamilie wird der Wortstamm gleich geschrieben.

der **Freund:** die **Freund**e, **freund**lich, die **Freund**in, die **Freund**schaft, be**freund**et, an**freund**en, der Jugend**freund**

Spiel-tipp

Wortfamilien-Spiel

Ein Nomen mit einem weich gesprochenen Auslaut (b, d, g) wird ausgewählt.
Wer findet die meisten Wörter mit dem gleichen Wortstamm?

Der Raub: rauben, ausrauben, der Raubritter, der Raubzug, das Raubtier, raubgierig, der Raubvogel, der Raubüberfall …

Besonders zu beachten sind die Wörter mit dem Wortbaustein **End-/end-**.
Wenn das Wort zur **Wortfamilie Ende** gehört, wird es mit d geschrieben.

der **End**lauf, **end**gültig,
endlich, **end**los,
die **End**silbe,
die **End**lichkeit,
das **End**spiel, der **End**spurt

Das g bei **Adjektiven mit der Endung -ig** kann in der Verlängerung gehört werden.

ruhi**g** – das ruhi-ge Kind
gifti**g** – die gifti-gen Pilze
salzi**g** – die salzi-gen Brezeln
windi**g** – das windi-ge Wetter

aber:

herbstlich – das herbstliche Wetter

Diese Wörter muss man lernen, weil man sie nicht verlängern kann:
b: ab, ob, der Herbst, hübsch, der Lebkuchen, das Obst
d: die Jugend, ihr seid, sie sind, und, morgendlich
g: weg

Gleiche und ähnliche Laute

äu und eu, ä und e, ai und ei

Die Laute **äu** und **eu** kann man im gesprochenen Wort schwer unterscheiden. Auch **ä** und **e** klingen ähnlich.

die B**äu**me – die B**eu**te
der L**äu**fer – die L**eu**te

die W**ä**rme – die W**e**rke
die R**ä**der – r**e**den

In der Regel wird **äu** geschrieben, wenn es ein verwandtes Wort mit **au** gibt.

der L**äu**fer – l**au**fen
er tr**äu**mt – der Tr**au**m
das Geb**äu**de – der B**au**, b**au**en
sich schn**äu**zen – die Schn**au**ze

Diese Wörter muss man sich merken. Sie haben **keinen Verwandten mit au:**
sich räuspern, sich sträuben, die Säule, das Knäuel.

Meistens wird **Ä/ä** geschrieben, wenn es ein verwandtes Wort mit **A/a** gibt.

die W**ä**rme – w**a**rm
n**ä**hen – die N**a**ht

Bei vielen Wörtern wird in der **Mehrzahl** aus a ein ä.

der G**a**st – die G**ä**ste
der **A**pfel – die **Ä**pfel

In der **Verkleinerungsform** mit den nachgestellten Wortbausteinen **-chen** und **-lein** wird oft aus a ein ä und aus au ein äu.

der **A**rm – das **Ä**rmchen
der G**a**rten – das G**ä**rtlein
die M**au**s – das M**äu**schen

Auch in den **Vergleichsformen** der Adjektive wird oft aus a ein ä.

arm – **ä**rmer, am **ä**rmsten
k**a**lt – k**ä**lter, am k**ä**ltesten
sch**a**rf – sch**ä**rfer, am sch**ä**rfsten

Diese Wörter muss man sich merken. Sie haben **keinen Verwandten mit a:**
der Bär, sägen, die Ähre (Getreidehalm), der Lärm, dämmern, das Geländer, der März.

Die **Eltern** schreibt man ausnahmsweise mit **e,** trotz der Verwandtschaft mit alt, altern.

Die Doppellaute **ei** und **ai** kann man im gesprochenen Wort nicht unterscheiden. Wörter mit **ai** muss man lernen.

der Hai, der Kaiser, der Laich (Froschlaich),
der Mai, die Saite (Gitarrensaite),
die Waise (elternloses Kind),
der Laie (jemand, der auf einem bestimmten Gebiet keine Fachkenntnisse hat) …

Der ks-Laut

Der Laut **ks** kann unterschiedlich geschrieben werden.

Wörter mit **X/x:**

das Xylofon, die Axt, existieren, die Existenz, der Mixer, der Experte, explodieren, extra, die Hexe, mixen, die Nixe, verflixt, die Praxis, das Taxi, der Text, der Boxer

Spiel-tipp

> **Bingo**
>
> DIN-A4-Blätter werden viermal gefaltet. In die 16 Felder schreibt jeder Spieler die x-Wörter in beliebiger Reihenfolge. Ein Mitspieler liest die oben stehenden Wörter vor. Wer zuerst die Wörter in einer Reihe angekreuzt hat, ruft „Bingo".

Wörter mit **chs:**

die Achse, die Achsel, die Büchse, der Dachs, drechseln, die Eidechse, der Fuchs, der Luchs, der Ochse, sechs, wachsen, wechseln

Wörter mit **ks:**

der Keks, links, schlaksig

Wörter mit **cks:**

der Klecks, klecksen, der Knacks, knacksen

Wörter mit **gs:**

flugs, unterwegs

Qu/qu und Ch/ch

Wörter mit dem Laut kw werden mit einem **Qu/qu** geschrieben.

das Quadrat, quaken, quälen,
der Quark, die Qualität, die Qualle,
das Quartett, der Qualm,
die Quelle, die Qualifikation,
der Quatsch, der Quirl, das Quiz,
quengeln, quer, quetschen,
quieken, quietschen, quitt, quirlig,
das Aquarium, das Aquarell, bequem,
die Kaulquappe, konsequent

Wörter mit den **Anfangsbuchstaben Ch/ch** werden unterschiedlich gesprochen.

Ch/ch wird **k gesprochen** in:

das Chaos, der Charakter, der Chor, das Chlor,
der Christ

Ch/ch wird **sch gesprochen** in:

der Chef, der Chauffeur, der Champignon, chic

Ch/ch wird **ch gesprochen** in:

die Chemie, die Chemikerin, der Chirurg,
China, Chile

Im Süddeutschen wird Ch/ch selten **ch** gesprochen.

Der Wortstamm

Wer häufige Wortbausteine richtig schreiben und gebrauchen kann, macht weniger Fehler.

vorangestellter Wortbaustein	Wortstamm	Fuge	nachgestellter Wortbaustein
	les		en
be	les		en
	les		bar
Vor	les		ung
	les	er	lich
un	les	er	lich

1 2 4 3

Alle Wörter, die den **gleichen Wortstamm** haben, gehören zu einer **Wortfamilie.**

lesen, belesen, lesbar, der Vorleser,
die Vorlesung, leserlich, unleserlich,
das Lesebuch, auflesen, ablesen,
die Auslese, überlesen, die Leserschaft,
die Leserin …

Der Vokal (Selbstlaut) oder Doppellaut (Zwielaut) im Wortstamm kann sich verändern.
r**au**ben: der R**au**britter, der R**äu**ber, r**äu**berisch
die Gef**a**hr: gef**a**hrlos, gef**ä**hrlich, die Gef**ä**hrdung

Endungen

Die **nachgestellten Wortbausteine bestimmen** die **Wortart.**

Wörter mit -**heit, -keit, -ung, -schaft, -nis, -in** sind **Nomen** (Namenwörter, Substantive) und werden **großgeschrieben.**

-heit	die Krankheit, die Frechheit
-keit	die Heiterkeit, die Langsamkeit
-ung	die Zeitung, die Verbesserung
-schaft	die Verwandtschaft, die Landschaft
-nis	das Zeugnis, das Versäumnis
-in	die Lehrerin, die Ärztin

In der Mehrzahl wird -**in** zu -**innen** und -**nis** zu -**nisse.**

die Lehrerin – die Lehrerinnen
das Zeugnis – die Zeugnisse

Wörter mit den Wortbausteinen -**ig, -lich, -bar, -isch, -haft, -sam** sind **Adjektive** (Wiewörter, Eigenschaftswörter) und werden **kleingeschrieben.**

geizig, bedrohlich,
wunderbar,
verschwenderisch,
krankhaft,
bedeutsam …

Wortbausteine

Wenn die Wörter verlängert werden, kann man die nachgestellten Wortbausteine -**ig** und -**lich** besser unterscheiden.

glücklich – glück-**liche** Kinder
kleinlich – klein-**liche** Leute
lustig – lusti-**ge** Spiele
riesig – riesi-**ger** Dinosaurier

Besonders aufpassen muss man bei Wörtern mit einem **l** am Ende des Wortstamms:

das Mehl – mehl-ig

das Öl – öl-ig

Der nachgestellte Wortbaustein -**lich** ist auch gleichzeitig die Wortsilbe:
freund-lich, persön-lich, ängst-lich

Wörter mit dem Wortbaustein -**ig** werden nach der Wortsilbe getrennt:
ru-hig, schul-dig, kräf-tig, meh-lig

Viele **Nomen** enden mit den Bausteinen -**el**, -**en**, -**er**.

der Onk**el** der Fad**en** der Erfind**er**
der Vog**el** der Bod**en** der Käf**er**
die Amp**el** der Wag**en** die Mutt**er**

Die meisten **Verben** (Tunwörter, Tuwörter) haben in der Grundform (Infinitiv) die Endung **-en.**

sag**en** wink**en** lauf**en** näh**en** setz**en**

Wenige Verben haben in der Grundform die Endung -**eln,** -**ern** oder -**ieren**.

wed**eln**
bünd**eln**
stott**ern**
zaub**ern**
buchstab**ieren**
gratul**ieren**

In der **Personalform** haben die Verben folgende **Endungen:**

	Einzahl	Mehrzahl
	e	en
mal	st	t
	t	en

ich mal**e,** du mal**st,** er/sie/es mal**t,**
wir mal**en,** ihr mal**t,** sie mal**en**

In der 2. Person Einzahl gibt es Ausnahmen bei Verben, die im Wortstamm schon einen s-Laut haben.
du gießt, du reist, du hasst, du mixt, du sitzt

Vorsilben

1 2 4 3

Vorangestellte Wortbausteine können die **Bedeutung** der Wörter **verändern.**

die Tarnung – die **Ent**tarnung
der Erfolg – der **Miss**erfolg
giftig – **un**giftig
zahlen – **an**zahlen, **aus**zahlen, **nach**zahlen, **be**zahlen

Bei folgenden vorangestellten Wortbausteinen muss man sich die Schreibung mit dem Buchstaben **V/v** besonders merken.

Ver/ver

Verbot **ver**missen **ver**schneit
verlaufen **Ver**schwörung **Ver**kehr

Vor/vor

Vorfahrt **vor**bei **vor**nehmen
Vorschlag **vor**ziehen **Vor**führung

Bei dem vorangestellten Wortbaustein **Ent-/ent-** muss man auf den hart gesprochenen Auslaut t achten.

Ent/ent

Entzwei **Ent**deckung **ent**scheiden
Enttäuschung **ent**setzlich **ent**zünden

Wenn die Wortfamilie **End**e gemeint ist, schreibt man den Wortbaustein mit d:
endgültig, **end**lich, **end**los, der **End**spurt

Bei Wörtern mit dem vorangestellten Wortbaustein **Ab-/ab-** und dem vorangestellten Wortbaustein **Weg-/weg-** muss man auf die weich gesprochenen Auslaute b und g achten.

Ab/ab

abhängig **Ab**hang **ab**wärts
Abkürzung **Ab**fahrt **ab**spülen

Weg/weg

wegbringen **Weg**lassprobe **weg**fahren
Wegwerfflasche **weg**rutschen

Wer findet die meisten Wörter?

Die Wortbausteine **ab, an, auf, be, ent, vor, ver, aus, nach, durch, zurück, weg** werden auf kleine Kärtchen geschrieben und verdeckt ausgelegt.
Ein Spieler zieht einen Wortbaustein und liest ihn vor. Wer findet in 3 Minuten die meisten sinnvollen Wörter mit diesem Wortbaustein?
Stimmt die Groß- und Kleinschreibung?

Spieltipp

Worttrennung

Mehrsilbige Wörter können am Zeilenende getrennt werden. Die Trennung erfolgt **zwischen zwei Silben.** Wenn man langsam und deutlich spricht, kann man sie hören.

lau-fen, der Pa-pa-gei, die Scho-ko-la-de

Der **letzte Konsonant** (Mitlaut) kommt bei der Trennung zur folgenden Silbe.

schwim-men, die Dis-tel,

stamp-fen, sit-zen

Die Buchstabenverbindungen **ck, ch, sch** bleiben immer zusammen.

ba-cken, das Päck-chen, die Fla-schen

Zusammengesetzte Wörter werden zuerst nach Wortbausteinen getrennt.

die Haus-arbeit, die Schiff-fahrt

auf-einander, der Ver-lust, ab-bauen

Bei manchen Wörtern sind die Zusammensetzungen nicht mehr zu erkennen, deshalb kann man sie auch nach Sprechsilben trennen.

ein-an-der	oder	ei-nan-der
her-über	oder	he-rüber
hin-auf	oder	hi-nauf
vor-aus	oder	vo-raus

Fremdwörter

Viele Wörter haben wir aus anderen Sprachen übernommen. Sie sind schwierig zu schreiben, weil sie anders ausgesprochen werden.

Diese Wörter kommen aus der englischen Sprache:

das Baby, der Fan, das Camping, der Roboter, chatten, der Computer, der Gameboy, die Show, die Playstation, der Scanner, der Butler, surfen, cool, die Jeans

> Das Handy heißt in der englischen Sprache „mobile phone“!

Aus der französischen Sprache kommen folgende Wörter:

das Restaurant, das Niveau, der Chef, die Etage, die Kusine (Cousine), die Kreme (Creme), der Ingenieur, der Frisör (Friseur)

Diese Wörter kommen aus der italienischen Sprache:

die Pizza, die Spagetti (Spaghetti), der Kompass

Oft erkennt man Fremdwörter an ihren Endungen:

-tion: die Nation, die Sensation, die Addition
-iv: der Dativ, der Akkusativ, der Detektiv, positiv
-al: total, genial, fatal, radikal
-ine: die Maschine, die Terrine, die Kantine, die Lawine, die Sardine, die Praline, die Rosine

Satzzeichen

Beim Sprechen kann man durch die Betonung und durch die Sprechpausen hören, wann ein Gedanke zu Ende ist. Beim Schreiben werden Sätze durch Satzzeichen voneinander getrennt. So ist ein Text beim Lesen verständlicher und leichter vorzulesen.

Am Ende eines **Aussagesatz**es steht ein **Punkt.**

Er gibt mir sein Buch**.** Ich möchte darin lesen**.**

Ein **Fragesatz** endet mit einem **Fragezeichen.**

Willst du die Comics kaufen**?**
Was kosten sie denn**?**

Am Ende eines **Ausrufesatzes** steht ein **Ausrufezeichen.**

Toll, was für eine spannende Geschichte**!**
Ruhe**!** Bitte nicht stören**!**

Bei einer **Aufforderung,** die man nicht besonders nachdrücklich vorträgt, steht am Ende des Satzes ein **Punkt.**

Bring mir bitte das Buch am Montag wieder**.**
Pass bitte auf den Umschlag auf**.**

Will man eine **Aufforderung** oder einen Wunsch besonders **eindringlich** vorbringen, setzt man ein **Ausrufezeichen.**

Gib es mir sofort wieder**!**

Die Wörter oder Wortgruppen einer **Aufzählung** werden durch **Kommas** voneinander getrennt.

Nina hat heute Deutsch, Mathe, Religion und Sport.
Tim liest gerne Krimis, Märchen und Comics.

Vor **und** steht in der Aufzählung **kein Komma.**

Vor einem Nebensatz, der mit einem Bindewort, z. B. **dass** oder **weil**, eingeleitet wird, steht ein Komma.

Er wünscht sich ein Buch, weil er gerne liest.
Er hofft, dass das neue Buch interessant ist.

Die **wörtliche Rede** wird durch **Anführungszeichen** unten: **„** und oben: **“** gekennzeichnet. Steht der Begleitsatz davor, endet er mit einem Doppelpunkt.

Paul fragt: „Spielst du mit mir?“

Wenn der Begleitsatz in die wörtliche Rede eingeschoben ist oder dahinter steht, wird er durch Kommas abgetrennt.

„Natürlich“, antwortet Anna, „ich komme gleich.“
„Spielst du auch gerne Domino?“, fragt Paul.
„Ja, sehr gerne“, sagt Anna.

Bei nachgestelltem Begleitsatz fällt der Punkt im Aussagesatz weg.

Wörter richtig schreiben

Diese Strategien helfen beim richtigen Schreiben.

Beim Aufschreiben **spreche** ich leise **mit.**

Ich höre jeden Laut genau ab.

Ich gliedere die Wörter deutlich in einzelne Silben.

Ro – bo – ter – spra – che

Ich achte auf besondere Laute und Buchstaben.

si**ng**en – ng
spielen – sp
der **St**ern – St
no**ch, nich**t – ch
hü**pf**en – pf
die **Qu**alle – Qu

Ich achte auf die Endungen.

lauf**en** – en
Vat**er** – er
Apf**el** – el

Bei Konsonantenhäufungen darf ich keinen Buchstaben vergessen.

To**pf-pfl**anzen
Schim**pf-w**örter
Bu**ch-h**andlung
a**b-bl**enden

Beim Aufschreiben **denke** ich **nach.**

Ich überlege, welche Wörter **großgeschrieben** werden.

Satzanfang?	**L**ea kommt. **W**ir spielen.
Nomen?	der **B**aum, die graue **M**aus, die **W**ohn**ung**, die **F**rei**heit**, die **F**röhlich**keit**
Eigennamen?	**F**rederic, **D**ornröschen, **M**ünchen
Höflichkeitsanrede?	**S**ie, **I**hnen

b oder p, d oder t, g oder k?
Ich **verlängere** das Wort, um den Endlaut besser zu hören.

der Hund – die Hun-**d**e
der Korb – die Kör-**b**e
winzig – winzi-**g**e
du zeigst – zei-**g**en

ä oder e, äu oder eu? Ich suche ein **verwandtes Wort.**

die **Ä**pfel – der **A**pfel
du tr**ä**umst – der Tr**a**um
er l**ä**uft – l**a**ufen

Ich entscheide: **langer** oder **kurzer Vokal.**

das Kabel oder der Kas-ten
die Hüte oder die Hüt-te
die Miete oder die Mit-te
reizen oder rit-zen

Tipps

Wörter mit schwierigen Lauten muss ich mir **merken** und üben.

Mithilfe eines Karteikastens kann ich üben.

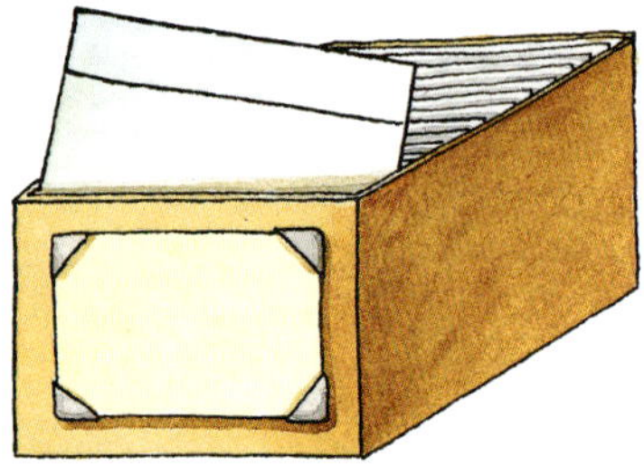

Wörter mit **V/v** statt F/f:

der Vogel, der Vers

Wörter mit **V/v** statt W/w:

die Vase, die Olive

Wörter mit **ai:**

der Kaiser, der Hai

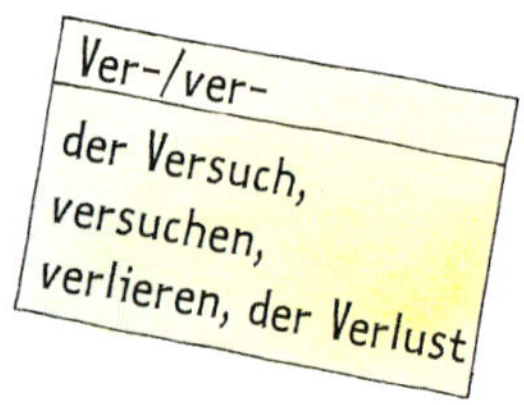

Wörter mit **chs:**

sechs, die Achse

Wörter mit langem **I/i** statt ie:

wir, dir, der Tiger

Wörter mit **doppeltem Vokal** (Selbstlaut):

der Saal, der See, das Boot

Wörter mit **Dehnungs-h:**

fehlen, der Lohn

Wörter mit **gleichem Wortstamm** schreibe ich gleich: der **Fehl**er, **fehl**erhaft, der Rechen**fehl**er ...

Nachschlagen

Schwierige Wörter muss man im Wörterbuch nachschlagen.

Ich achte bei der Wörtersuche im Wörterbuch zuerst auf den **Anfangsbuchstaben** des Wortes. Finde ich ihn am Anfang, in der Mitte oder am Ende des Alphabets?

A B C D E F G H   I J K L M N O P   Q R S T U V W X Y Z

die Farbe: F

Danach suche ich nach dem zweiten und den folgenden Buchstaben.

die Far**be**	steht vor	die Far**m**
b	kommt vor	m

Nomen suche ich in der **Einzahl.**

die Kräne → der Kran

Verben suche ich in der **Grundform.**

er kam → kommen

Adjektive suche ich in der **Grundstufe.**

größer → groß

Ein zusammengesetztes Nomen, Verb oder Adjektiv **zerlege** ich und suche die einzelnen Wörter.

die Jugendgruppe → die Jugend, die Gruppe
schneeweiß → der Schnee, weiß
vorgehen → vor, gehen

Kontrollieren

Ich **lese** meinen Text langsam **von vorne nach hinten** durch.

Fehlt kein Wort?
Fehlt kein Satzzeichen?
Ist jeder Satz sinnvoll?

Ich decke den Text ab und **lese** den Text **von hinten.** Ich lese nur das Wort, das ich aufdecke.

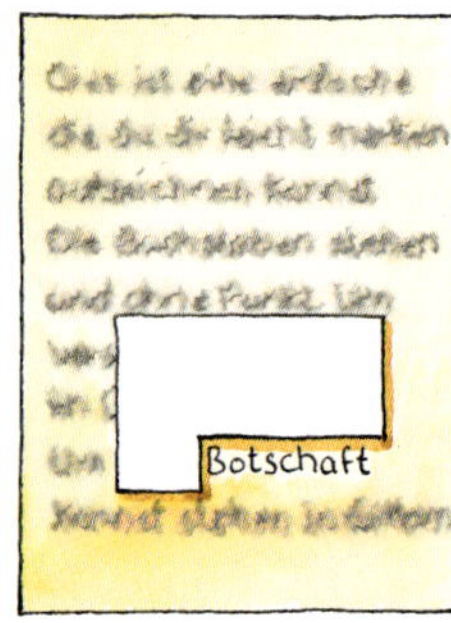

Fehlt kein Buchstabe?
Sind die Buchstaben in der richtigen Reihenfolge?

Ich lese den Text noch einmal vorwärts und **kennzeichne Wörter,** bei denen ich mir nicht sicher bin. Gibt es Lösungshilfen?

Wortart bestimmen, Wort verlängern, verwandte Wörter suchen, Regeln anwenden

Wenn ich unsicher bin, schlage ich im **Wörterbuch** nach.

Korrigieren

Ich füge ausgelassene Buchstaben ein.

f
∨
die Schiffahrt

Ich markiere die Stelle, an der ich ein Wort vergessen habe, und schreibe es unter den Text.

Dann ging Schneewittchen in den Wald und versteckte sich bei den∨Zwergen. Dort …

∨ sieben

Falsch geschriebene Wörter streiche ich durch und schreibe sie richtig darüber.

Vorfahrt
die ~~Vorfart~~

Wörter, die ich üben muss, schreibe ich auf eine **Karteikarte** und unterstreiche die schwierige Stelle.
Ich ergänze

- bei Nomen den Artikel und die Mehrzahl,
- bei Verben die Grundform,
- bei Adjektiven die Vergleichsformen,
- verwandte Wörter.

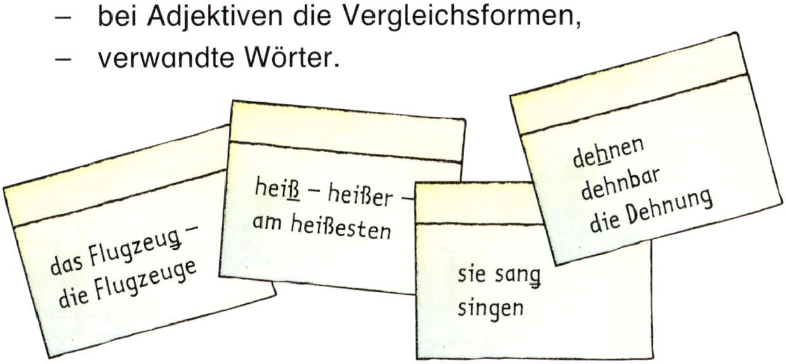

Erlebniserzählung

1 2 4 3

Erfundene oder **tatsächliche Erlebnisse** können erzählt werden.
Bei der schriftlichen Erzählung sollte man besonders genau sein, denn die Leser können nicht nachfragen.
Damit sie die Geschichte bis zum Schluss interessiert lesen, sollte die Erzählung spannend sein.

Schriftlich wird in der **1. Vergangenheit** (Präteritum) erzählt.

Vor zwei Monaten **planten** wir eine Lesenacht in der Schule. Wir **überlegten** …

Wenn es **besonders spannend** wird, kann man in die **Gegenwart** (Präsens) wechseln, der Leser ist dann mitten im Geschehen.

Was **ist** das? Woher **kommt** dieses Geräusch?
Meine Hände **zittern.**

Ein eigenes Erlebnis wird in der **Ich-Form** aufgeschrieben.

Vorsichtig öffnete **ich** den Vorhang.
Da entdeckte **ich** …

Erlebnisse von anderen Personen können auch in der **Er-Form** wiedergegeben werden.

Er zuckte zusammen und versteckte sich schnell hinter **seinem** Schreibtisch.

Wörtliche Rede und **Ausrufesätze** helfen, die Geschichte lebendig auszugestalten.
Im Redebegleitsatz wird gezeigt, **wer** spricht und **wie** gesprochen wird. **Treffende Verben** beschreiben die Situation genauer.

„Hilfe!", schrie der Zirkusdirektor.
„Der Elefant ist geflohen."

Spiel-tipp

Wörtersuche

Jeder Mitspieler legt eine Liste an: leise sprechen, laut sprechen, besonders sprechen.
Wer findet die meisten Wörter zum Wortfeld sagen?
flüstern – brüllen – stottern – ...

Die Leser der Geschichte können sich eine spannende oder aufregende Situation besser vorstellen, wenn genau beschrieben wird, was die Personen **denken** und **fühlen.**

„Warum sollte ich jetzt nachgeben?", dachte ich beleidigt, „wenn ich doch im Recht bin." Meine Hände zitterten vor Wut.

Auch, was die Personen **sehen, hören** oder **riechen,** ist für die Leser einer Erlebniserzählung interessant.

Erzählungen

Eine Erzählung hat verschiedene Teile.

Überschrift	soll neugierig machen
Einleitung	wer? wann? wo? was?
Hauptteil	einzelne Erzählschritte führen zum **Höhepunkt** der Geschichte
Schluss	rundet die Geschichte ab

Die **Überschrift** soll zum Lesen anregen, aber nicht zu viel vom Inhalt der Geschichte verraten.

Ärger auf dem Sportfest

Die **Einleitung** führt in die Erzählung ein. Sie gibt wichtige Informationen über die Personen, den Ort und die Zeit.

Die Kinder der Grundschule, Parallelklasse, Sportstadion, Samstagmorgen, Juni

Im **Hauptteil** der Geschichte wird in einzelnen Erzählschritten die Handlung wiedergegeben. Sie führt langsam zu einem Punkt, an dem sie besonders spannend, aufregend oder überraschend ist. Dieser Punkt ist der **Höhepunkt** der Geschichte.

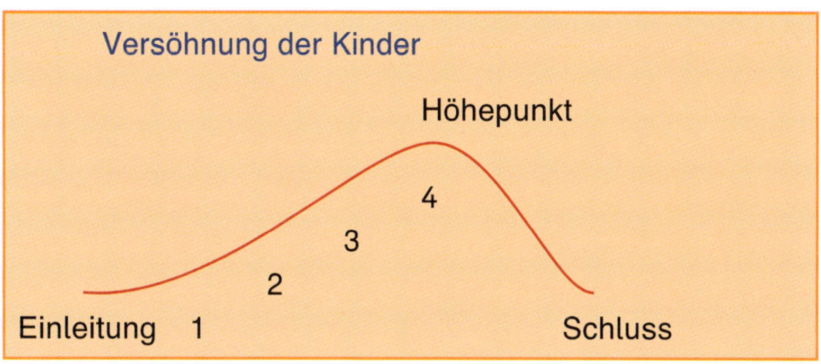

Der **Schluss** rundet die Geschichte ab. Er ist nur kurz. Das Wichtigste ist im Hauptteil bereits erzählt.

Erzählungen

Fantasiegeschichte

Eine **Fantasiegeschichte** kann mit fantastischen, unwahrscheinlichen Einzelheiten ausgestattet werden. Sie kann in der Zukunft, in einer Märchenwelt oder an einem ungewöhnlichen Ort spielen.

Mit einem dumpfen Aufprall landete ich mit meiner Raumfähre auf dem kalten Planeten.
„Wo bin ich nur gelandet?“,
fragte ich mich beunruhigt.

Manchmal können Tiere, Pflanzen oder sogar Gegenstände sprechen und sich wie Menschen verhalten.

Der **Verlauf** der Geschichte muss **genau geplant** sein.

Was ist der Kern der Geschichte?

Wie und wo soll die Geschichte beginnen?

An welcher Stelle soll die Geschichte besonders spannend werden?

Wie soll die Geschichte enden?

Auch wenn die Geschichte unwahrscheinlich ist, muss der „rote Faden“, der Handlungsstrang, erkennbar sein.

Anschauliche und **ausschmückende Adjektive** und **Verben** sind in der Fantasiegeschichte besonders wichtig. Die Leser sollen sich die Fantasiewelt gut vorstellen können.

Der glänzende, silberne Raumanzug reflektierte das Sonnenlicht. Langsam schwebte ich auf das riesige, erschreckende Tierungeheuer zu …

Spiel-tipp

Reizwortspiel

Mit einem Bleistift wird fünfmal auf eine Zeitungsseite getippt. Die „getippten“ Wörter werden aufgeschrieben. Es sollten Nomen, Adjektive oder Verben sein. Mit diesen Wörtern kann eine spannende Fantasiegeschichte erfunden und dann vorgelesen werden.

Mit zusammengesetzten Nomen und Adjektiven kann treffend und genau beschrieben werden.

die Windeseile, die Zauberformel,
die Gruselgeschichte, der Angstschweiß,
der Astronautenhelm, die Gänsehaut

giftgrün, zuckersüß, stocksteif, rabenschwarz,
kreidebleich, taghell

Fortsetzungsgeschichte

Bei einer Fortsetzungsgeschichte ist der Anfang schon vorgegeben. **Die Fortsetzung soll** im Inhalt und in der Form genau **zum Anfang passen.**
Die **Erzählzeit** muss in beiden Teilen übereinstimmen.

Fragen helfen den Geschichtenanfang genau zu untersuchen.

- Wer ist der Erzähler?
- Welche Personen gibt es?
- Wo spielt die Geschichte?
- Was ist bisher passiert?
- In welcher Zeitform wurde der Anfang erzählt?

Der ergänzte Teil der Geschichte soll **lebendig** und **spannend** sein: treffende und anschauliche Adjektive und Verben benutzen, wörtliche Rede verwenden, Höhepunkt ausgestalten.

Auch der **Schluss** muss gut zum Anfang und zum Fortsetzungsteil passen.

Spiel-tipp

Kettengeschichte

Einer fängt an, eine Geschichte zu erzählen. Die anderen hören genau zu. Nach ein paar Sätzen erzählt der Nächste weiter. Wörtliche Rede macht die Geschichte lebendiger.

Nacherzählung

Bei einer **Nacherzählung** wird **mit eigenen Worten** eine vorgegebene Geschichte wiedergegeben, z. B. ein Märchen.

Der **Erzählkern, wichtige Einzelheiten** und die **Reihenfolge** müssen mit der Vorlage übereinstimmen.

Es darf **nichts Neues** hinzugefügt werden.

Die **wörtliche Rede** kann verwendet werden, wenn sie im Text vorkommt.

Die Erzählzeit ist die **Vergangenheit.**

Um die Erzählschritte festzulegen, sollte Wichtiges vor dem Schreiben im Text markiert oder Stichworte aufgeschrieben werden.

Bildergeschichte

Bei einer **Bildergeschichte** wird zu einer Bilderfolge **eine zusammenhängende Erzählung** verfasst. Dabei genügt es nicht, nur die einzelnen Bilder zu beschreiben. Auch was vor, zwischen und nach den Bildern passiert, kann für die Leser interessant sein. Es soll eine lebendige und spannende Geschichte entstehen. Namen für die Personen, wörtliche Rede, Ausrufe- und Fragesätze können dabei helfen.

Wer und was ist zu sehen?
Wo spielt die Geschichte?
Was passiert?
Was sprechen die Personen?
Wie endet die Geschichte?

Die Leser müssen die Geschichte verstehen, auch wenn sie die Bilder nicht gesehen haben. Deshalb muss in der **richtigen Reihenfolge** erzählt werden.

1. Erzählschritt: Mutter bittet Max, den vollen Abfalleimer zur Mülltonne zu bringen.
2. Erzählschritt: Max trifft Lars. Sie spielen Fußball.
3. Erzählschritt: Eine Katze durchstöbert den Müll.
4. Erzählschritt: Mutter sieht die Bescherung.
5. Erzählschritt: Max sammelt den Müll ein und bringt den leeren Eimer zurück.

Jede Einzelheit auf den Bildern kann für den Verlauf der Geschichte wichtig sein. Der **Gesichtsausdruck** (Mimik) und die **Körperhaltung** (Gestik) können Hinweise darüber geben, was die Personen denken und fühlen.

Mit verschiedenen Satzanfängen und unterschiedlich gebauten Sätzen klingt die Erzählung besser.

Auch zu einem **einzelnen Bild** kann erzählt werden. Hier kann man alle Ideen, Gefühle und Stimmungen wiedergeben.

Gedichtformen

Gedanken, Gefühle, Stimmungen kann man in Gedichten ausdrücken. Die Wörter werden dabei in eine bestimmte Ordnung gebracht. Manchmal reimen sich die letzten Wörter der Zeilen.

Die Ameisen

In Hamburg lebten zwei **Ameisen,**
die wollten nach Australien **reisen.**
Bei Altona auf der **Chaussee,**
da taten ihnen die Beine **weh.**
Und da verzichteten sie **weise**
dann auf den letzten Teil der **Reise.**

Joachim Ringelnatz

Es gibt einfache Formen, die uns ermöglichen, kleine Gedichte nach einem bestimmten **Bauplan** zu schreiben.

Ein **Rondell** ist ein Gedicht aus 8 Zeilen. In der 1., der 4. und in der 7. Zeile steht immer der gleiche Satz.

Überschrift	Vorfreude
1. Zeile	Wir fahren ans Meer.
2. Zeile	Die Sonne scheint.
3. Zeile	Segelboote liegen im Wasser.
4. Zeile	Wir fahren ans Meer.
5. Zeile	Papa baut Burgen im Sand.
6. Zeile	Ich tauche nach Muscheln.
7. Zeile	Wir fahren ans Meer.
8. Zeile	Nur Sonne, Sand und Wasser!

Elfchen sind Gedichte aus **11 Wörtern.**

1. Zeile 1 Wort (Überschrift)
2. Zeile 2 Wörter
3. Zeile 3 Wörter
4. Zeile 4 Wörter
5. Zeile 1 Wort

Regen
Tropfen fallen
In Pfützen springen
Das finde ich gut
nass

Kalt
Schnee fällt
Das Feuer prasselt
Ich trinke warmen Tee
gemütlich

Haiku ist eine Gedichtform, die in Japan weit verbreitet ist. Es besteht aus nur 3 Zeilen mit genau 17 Silben.

1. Zeile = 5 Silben
2. Zeile = 7 Silben
3. Zeile = 5 Silben

End-lich Son-nen-schein
Ba-den im kla-ren Was-ser
Som-mer riecht herr-lich

Informierende Texte

Ein Sachtext soll über Personen, Tiere, Dinge oder Vorgänge genau informieren.
Dazu werden zuerst Informationen und Materialien gesammelt. Informationsquellen können sein:

Sachbücher
Lexika, Atlanten
Zeitungen, Zeitschriften
Filme
Rundfunk- und Fernsehreportagen
Befragung von Experten
Internet

das **Meerschweinchen**

Meerschweinchen sind keine Schweine, sondern Nagetiere. Ihr Fell kann braun, weiß, schwarzgrau oder bunt gefleckt sein. Sie stammen aus Südamerika. Da sie über das Meer nach Europa gebracht wurden und ähnliche Geräusche wie Schweine machen, nennt man sie Meerschweinchen. Bei uns werden sie oft als Haustier gehalten. Für die Haltung genügt ein offener geräumiger Käfig mit einem kleinen Schlafhaus und einer Futterschüssel. Am einfachsten kauft man Meerschweinchenfutter und legt Karotten, Kartoffeln und Salat hinzu. Die Meerschweinchen brauchen nur wenig Wasser. Als Einstreu verwendet man Sägemehl. Damit sie sich wohlfühlen, sollte man mindestens zwei Meerschweinchen halten.

Hausmeerschweinchen

151

Im **Internet** gibt es besondere Suchmaschinen für Kinder, z. B. www.blinde-kuh.de
Wenn man ein Stichwort in das Suchfeld eingibt, erhält man Hinweise auf Seiten, die Wichtiges oder Interessantes zu diesem Thema zeigen.

Das gesammelte Material muss gesichtet und geordnet werden. **Wichtige Informationen** werden in Stichworten herausgeschrieben oder können direkt im Text unterstrichen werden.
Unbekannte Wörter werden mithilfe eines Lexikons geklärt.

Eine **Gliederung** hilft, den Text in sinnvolle Abschnitte aufzuteilen.

Das Meerschweinchen
1. Herkunft, Lebensraum
2. Gattung
3. Aussehen: Größe, Fell, Farbe
4. Haltung: Futter, Käfig, Pflege
5. Zucht
6. Lebenserwartung
7. Bildmaterial

Der Text wird in der genauen Reihenfolge, in abwechslungsreichen Sätzen und mit den entsprechenden Fachausdrücken aufgeschrieben.
Die Informationen sind allgemein gültig. Man schreibt deshalb in der Gegenwart (Präsens).
Eingefügte Fotografien oder Zeichnungen können zusätzliche Informationen geben.

Bericht

In einem **Bericht** werden zurückliegende Ereignisse **sachlich** und knapp dargestellt. Die Leser sollen **genau** und in der **richtigen Reihenfolge** über Tatsachen informiert werden.

Um einen Bericht schreiben zu können, muss man gut beobachten. Diese Informationen sind wichtig:
Was geschah **wann** und **wo?**
Wer war am Geschehen beteiligt?
Warum ist es zu diesem Ereignis gekommen?
Wie war der zeitliche Ablauf?

> Der Lerngang der Klasse 3c
> Am 24. 2. trafen sich alle Schüler der Klasse 3c der Pestalozzischule um 8 Uhr an der Bushaltestelle ...

Die eigene Meinung, Gefühle und Gedanken gehören nicht in einen Bericht. Er muss **sachlich** bleiben.

Der Bericht wird in der **1. Vergangenheit** (Präteritum) verfasst.

> Zeichnungen, Fotografien oder weiteres Informationsmaterial können einen Bericht ergänzen.

Der Bericht wird oft für eine **Unfall-** oder **Schadensmeldung** benötigt. Er muss dann besonders genau und wahrheitsgemäß sein. Eigene Bewertungen dürfen **nicht** hinzugefügt werden.

Versuchsprotokoll

In einem **Versuchsprotokoll** wird festgehalten, warum und wie ein Experiment durchgeführt wird, welches Material benötigt wird und welches Ergebnis gefunden wurde.

1. Die **Frage:** Kann entweichende Luft einen Gegenstand antreiben?
2. Das **Material:** ein Luftballon, ein Trinkhalm, Schnur, Klebestreifen
3. Der **Versuchsverlauf:** Eine Schnur wird durch einen Trinkhalm gezogen. Diese Schnur wird von zwei Kindern in einem Abstand von ungefähr drei Metern gespannt. Der aufgeblasene Luftballon wird so gehalten, dass keine Luft entweichen kann, und mit Klebestreifen am Trinkhalm befestigt.
   Der Luftballon wird losgelassen, sodass die Luft entweichen kann.
4. Die **Skizze:**

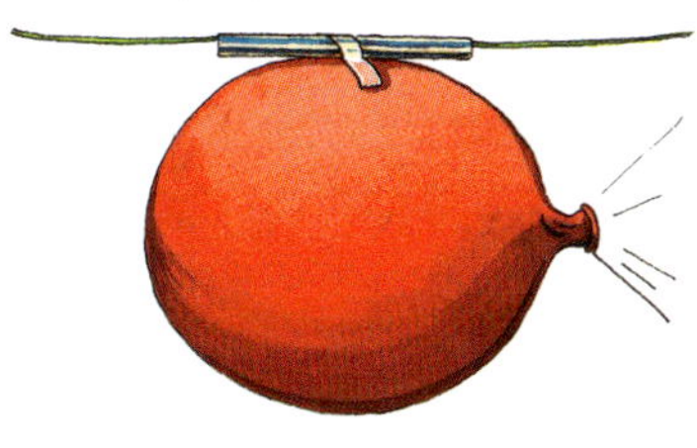

5. Das **Ergebnis:** Während die Luft aus dem Luftballon entweicht, bewegt er sich schnell entlang der Schnur vorwärts.

Beschreibung

Eine **Beschreibung** informiert über eine Person, einen Gegenstand oder einen Vorgang. Sie muss **genau** und **sachlich** sein, damit sich die Leser ein eigenes Bild machen können.

Eine Beschreibung ist **klar gegliedert**, z. B.:
– vom Gesamtbild zu den Einzelheiten,
– vom Wichtigen zum Unwichtigen,
– von außen nach innen.

> **Mein Schultasche**
> Ich benutze einen blauen Rucksack mit drei Außentaschen. Links und rechts sind reflektierende Streifen aufgenäht. Der Rucksack hat zwei Innenfächer …

Eine Beschreibung wird in der **Gegenwart** geschrieben. Die Aussagen treffen immer zu.

> Mein Fahrrad ist mit einer 21-Gang-Schaltung ausgestattet. Es handelt sich um ein Mountainbike.

Wichtige Informationen sollten in klaren, kurzen Sätzen mit **treffenden Wörtern** und **Fachausdrücken** wiedergegeben werden.

> Am Lenker ist ein Tachometer angebracht.
> Jeweils zwei Speichenreflektoren sind am Vorder- und Hinterrad befestigt.

Eine Beschreibung enthält keine persönlichen Meinungen oder Erfahrungen.

Ein Gegenstand wird oft beschrieben, wenn man ihn verloren hat, eine Person oder ein Haustier, wenn sie vermisst werden. Man erstellt dann einen **Steckbrief.**

Diese Merkmale sind bei einer **Personenbeschreibung** wichtig:

Geschlecht:	weiblich
Alter:	10 Jahre
Größe:	140 cm
Körperbau:	zierlich
Haarfarbe:	kastanienbraun
Augen:	graublau

besondere Kennzeichen: Sommersprossen

Diese Merkmale könnten sich verändern und gelten nur zu einem bestimmten Zeitpunkt:

Kleidung:	hellblaue Jeans, rot-weiß karierte Bluse
Schuhe:	weiße Turnschuhe
Frisur:	schulterlange Locken

Mit **treffenden Adjektiven** kann man genau beschreiben und vergleichen.

kastanienbraun, schulterlang, daumendick, kugelrund

Tierrätsel

Mit Informationen aus Tierbüchern und Lexika wird schriftlich oder mündlich ein Tier beschrieben, ohne den Namen zu nennen. Wer errät das Tier?
Mein Säugetier ist ungefähr 50 cm groß, es hat spitze Nagezähne, ein dichtes warmes Fell, lange Ohren …

Spiel-tipp

Eine **Wegbeschreibung** muss so genau sein, dass der Leser ohne Probleme ein bestimmtes Ziel finden kann.

Gehe ungefähr sechs Schritte nach rechts bis zur Tafel. Wende dich dann nach links …

Wichtig bei der Beschreibung des Weges sind:
die **Ortsangaben (**wo?)

an der 2. Ampel, am Bankhochhaus, vor der Schranke, hinter dem Spielplatz, neben dem Bahnhof …

die **Richtungsangaben** (wohin?)

nach links, nach rechts, geradeaus, nach Osten, über die Straße

ungefähre Entfernungsangaben (wie weit?)

3 Schritte, 300 Meter, 3 Kilometer

Eine zusätzliche Wegeskizze kann helfen, das Ziel schnell zu finden.

Treffpunkt:
Spielplatz im
Schwimmbad

Bei Wegbeschreibungen werden oft **Aufforderungssätze** verwendet: Biege nach rechts ab.

Zimmerschatzsuche

Ein Spieler versteckt einen Gegenstand und fertigt eine genaue Wegbeschreibung zum „Schatz“ an.
Ein Anfangspunkt wird vereinbart. Auch ein Umweg kann genau beschrieben werden!
Bei der Schatzsuche mit verbundenen Augen muss die Wegbeschreibung vorgelesen werden.
Gehe drei Schritte nach rechts …

Spieltipp

Eine Wegbeschreibung wird verständlicher und genauer durch:

verschiedene Satzanfänge

zuerst, jetzt, danach, schließlich, darauf, dann, zuletzt, nach wenigen Metern …

treffende Verben

vorbeifahren, einbiegen, überqueren, abbiegen, entlangfahren, kreuzen, weiterfahren, hinauffahren, sich einordnen, anhalten …

und einfache Sätze

Gehen Sie bis zur nächsten Kreuzung.
Biegen Sie rechts in die Jahnstraße ein.
Nach wenigen Metern sehen Sie auf der rechten Seite eine Eisdiele …

Anleitung

Eine Anleitung kann beim Kochen, Backen und beim Basteln helfen. Sie erklärt, wie etwas zubereitet oder hergestellt wird.

Bei einer Koch- oder Backanleitung, einem **Rezept**, sind die genauen Angaben der Zutaten, die benötigten Geräte und die einzelnen Arbeitsschritte wichtig.

Rezept für Vollkornwaffeln

Die **Zutaten** werden zuerst aufgeführt. So kann man auf einen Blick sehen, was man braucht oder vielleicht noch einkaufen muss.

250 g Weizenvollkornmehl, eine Prise Salz, 5 Eier,
1/4 l Milch, 1/4 l Sahne, etwas Butter,
1 Teelöffel geriebene Zitronenschale,
1 Esslöffel Honig

Die **einzelnen Arbeitsschritte** müssen unbedingt in der **richtigen Reihenfolge** aufgeschrieben werden. Die Anleitung muss mit **treffenden Verben** und **Fachausdrücken** so knapp wie möglich den Vorgang beschreiben.

Aus Mehl, Salz, Milch und Sahne einen cremigen Teig rühren. Eigelb, Honig und Zitronenschale dazugeben. Den Teig 15 Minuten quellen lassen. Das Eiweiß zu Schnee schlagen. Das Eiweiß unter den Teig heben. Das Waffeleisen mit Butter einfetten.
Einen Schöpflöffel Teig auf die Backfläche geben und die Waffel goldbraun ausbacken.

Der Vorgang läuft immer gleich ab, deshalb wird die Anleitung in der Gegenwart geschrieben.

Bei einer **Bastelanleitung** werden zuerst die benötigten Materialien und Werkzeuge genannt.

Laterne mit Transparentpapier
Man braucht: 1 Glas mit großer Öffnung (z. B. ein Gurkenglas), Pinsel, Schere, altes Tuch, Tapetenkleister, farbiges Transparentpapier, 1 Teelicht

Die Anleitung kann auch in der **Befehlsform** geschrieben werden.

1. Rühre den Tapetenkleister in Wasser ein und lasse ihn quellen.
2. Schneide oder reiße verschiedene Formen und Muster aus farbigem Transparentpapier aus.
3. Bestreiche sie mit Tapetenkleister und klebe sie außen auf das Glas.
4. Entferne den überschüssigen Kleister mit einem Tuch.
5. Stelle ein Teelicht in das Glas.

Wenn die einzelnen Arbeitsgänge nummeriert oder durch Abschnitte erkennbar sind, ist die Anleitung klarer.

Eine **Spielanleitung** muss gut verständlich sein und alle wichtigen Informationen enthalten.

Spielname: SMS-Kurztexte verfassen
Art des Spiels: Schreibspiel
Anzahl der Spieler: 2 oder mehr
Benötigtes Material: Papier, Bleistift, Zeitung

Spielverlauf: Ein Mitspieler tippt in einer Zeitung nacheinander sieben Buchstaben an. Jetzt versucht jeder eine SMS aufzuschreiben. Die Wörter müssen der Reihe nach mit den genannten Buchstaben beginnen. Es darf kein Wort hinzugefügt werden.

Spielende und die Auswertung: Wer es geschafft hat, eine SMS mit sieben Wörtern zu schreiben, ruft „Stopp!“. Er ist Sieger der Runde, wenn seine SMS gut verständlich und sinnvoll ist.

L M A M W N H
Liegen mittags am Meer. Wollen nicht heim.

Laufe mit Anna morgen wieder nach Hause.

Lars macht Apfelkuchen. Mama will natürlich helfen!

Die Anleitung kann in Aussagesätzen, in Aufforderungssätzen oder in Stichpunkten geschrieben werden. Skizzen können zusätzliche Informationen geben.

Anleitungen können geordnet werden:

Spiele im Freien, Spiele im Zimmer,
Mannschaftsspiele,
Spiele für zwei Personen, Suchspiele,
Bewegungsspiele, Schreibspiele,
Geschicklichkeitsspiele, Ratespiele

Spielanleitungen, Rezepte und Bastelanleitungen kann man sammeln. Es gibt verschiedene Möglichkeiten.

Aus einem **Karteikasten** kann man die Karteikarten einzeln herausnehmen.

In einem **Ordner** steht jeweils eine Anleitung auf einem Blatt.

Ein **Sammelheft** kann schön ausgestaltet werden.

Brief und E-Mail

Es gibt viele Gründe einen Brief zu schreiben. Man kann Freunden oder Verwandten Erlebnisse erzählen, über ein Ereignis berichten, Fragen stellen, einladen, Glückwünsche schicken und vieles mehr.

Wird der Brief mit der Post verschickt, muss ein Briefumschlag mit der Adresse des Empfängers und des Absenders beschriftet werden.

Lisa Ulrich
Umweg 12
78911 Heidelung

Tim Schwarz
Wiesenallee 34
23445 Salzweiher

Sendet man einen Brief über das Internet, braucht man eine E-Mail-Adresse. Sie muss ganz genau eingegeben werden. Eine E-Mail sollte einen Betreff haben. Der Empfänger sieht zuerst nur den Absender und die Betreffzeile.

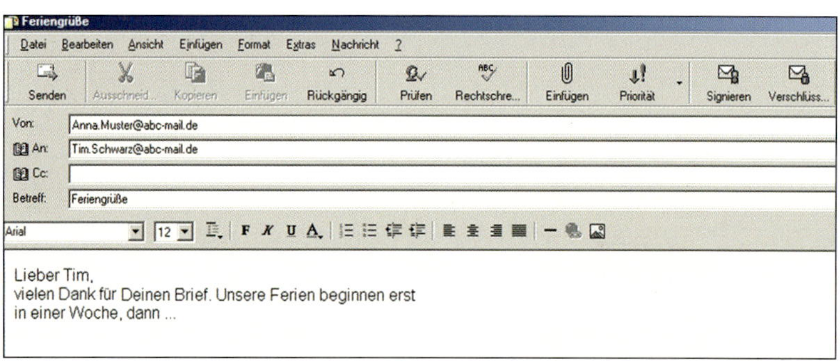

Auch in einem Brief sollten die einzelnen Erzählschritte in der richtigen Reihenfolge sein. Die Schrift muss gut leserlich sein.

Ort und Datum

Lahr, den 20. 4. 2006

Liebe Tante Lena,

Anrede, Komma

über Dein Osterpäckchen habe ich mich
sehr gefreut. Vielen Dank für das tolle T-Shirt.
Es passt mir sehr gut.

Absatz

Schade, dass Du nicht zu unserem Osterausflug
kommen konntest. Wir wollten zur Burg Drachenstein.
Papa hatte seine Wanderkarte dabei. Trotzdem verpassten wir die richtige Abzweigung und so blieben
wir auf einem Rundweg und kamen schließlich wieder
an unserem Ausgangspunkt an.
Anstatt Kuchen aßen wir dann ziemlich viele Ostereier,
sodass wir am Abend gar keinen Hunger mehr auf
Mamas Lammbraten hatten.

Besuchst Du uns bald?

Gruß

Liebe Grüße
Dein Felix

Unterschrift

Die **Anredepronomen du, dir, ihr, euch …** können, **Sie, Ihnen, Ihr** müssen in Briefen großgeschrieben werden.

Gestern hatten **Sie Ihr** Museum geschlossen.
Wir haben **Ihnen** letzte Woche eine Anmeldung …

Einladung und Plakat

Eine schriftliche Einladung soll **informieren.** Durch die Form und Gestaltung soll sie auch **Interesse wecken.**

Die **Einladung** gibt Antworten auf diese Fragen:

Was findet statt?	Anlass
Wer lädt ein?	Gastgeber
Wann?	Zeit
Wie lange?	Dauer
Wo?	Ort

Die Einladung kann in Stichworten oder mit einem ausführlichen Text gestaltet werden.

Große Geburtstagsparty von Timo
Datum: 3. April
Uhrzeit: 16.00 bis 19.00 Uhr
Ort: Helmrichweg 5
Sag Bescheid, ob Du kommst.
Gruß Timo

Lieber Paul,
am Samstag, den 3. 2. feiere ich meinen Geburtstag. Dazu möchte ich Dich recht herzlich einladen. Wir beginnen um 15 Uhr. Komm bitte kostümiert. Das schönste Faschingskostüm wird prämiert! Ich freue mich auf Dich.
Deine Anke

Will man viele Menschen erreichen, z. B. um zu einem Schulfest einzuladen, kann man ein **Plakat** gestalten.

Ein Plakat soll von Weitem zu lesen sein und neugierig machen.
Die **Schriftgröße** muss entsprechend gewählt werden.
Man kann auch Buchstaben ausschneiden und aufkleben.

Zur Veröffentlichung müssen Plakate an gut sichtbaren Stellen aufgehängt werden.

Im Urwald

Zum Faschingsfest sind alle großen und kleinen Tiere der Grundschule herzlich eingeladen.

27. Februar

Turnhalle der Kollwitzschule

16 – 19 Uhr

Organisation: Klasse 4 b

Die Gestaltung des Plakats sollte zum Inhalt passen.
Hier sind gute Ideen gefragt.

Texte anordnen und illustrieren

Bevor Texte veröffentlicht werden, sollten sie inhaltlich und sprachlich überarbeitet werden (siehe Seite 132 bis 134). Danach werden sie in eine Form gebracht, die zum Inhalt des Textes passt und gut leserlich ist.

Die **Überschrift** soll die Aufmerksamkeit der Leser wecken und auf den Inhalt neugierig machen. Sie wird oft in größeren Buchstaben geschrieben. Sie kann eingerahmt, unterstrichen oder farbig hervorgehoben werden.

Mein Segelurlaub

Für die Veröffentlichung ist eine übersichtliche **Blatteinteilung** wichtig. Der Text wird in **Abschnitte** gegliedert. Das erleichtert das Lesen und Verstehen. Wichtiges wird unterstrichen, farbig oder mit einem anderen Schrifttyp hervorgehoben.

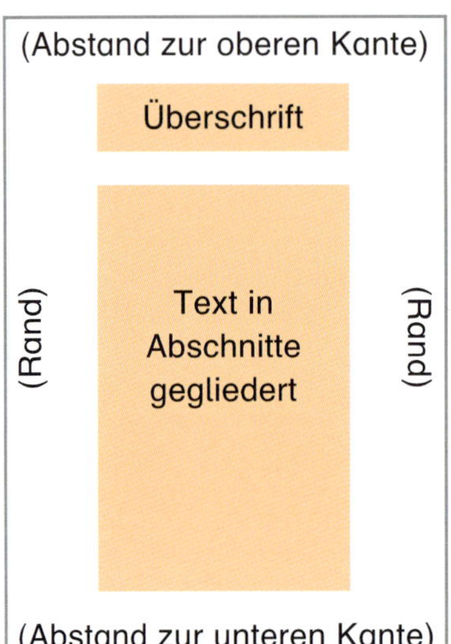

Bilder und **Fotografien** können zur Verschönerung, aber auch zur Erklärung zum Text hinzugefügt werden.
Die Aufteilung muss vor dem Schreiben geplant werden.
Das kann man z. B. mit Papierstreifen ausprobieren.

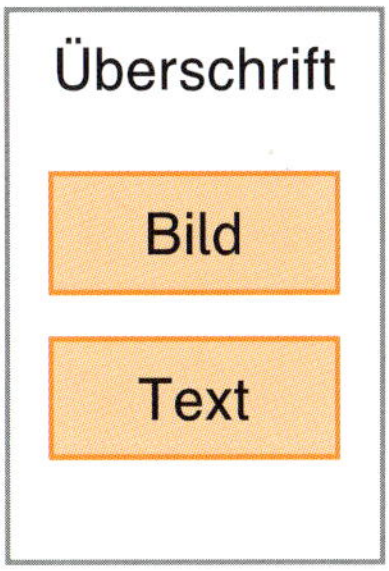

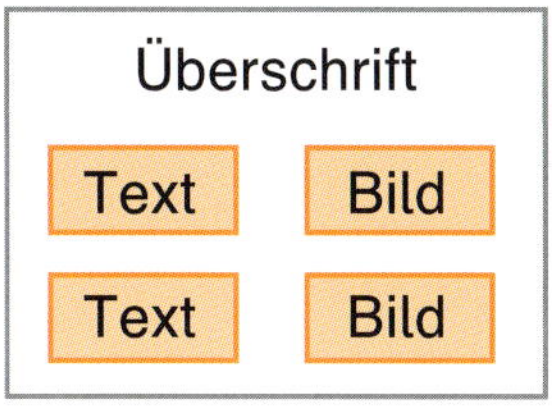

Die **Schrift** sollte gut leserlich sein. Vorgedruckte **Linien** oder ein Linienblatt helfen, den richtigen Abstand zu halten und gerade zu schreiben.

Schreibt man den Text mit dem Computer, kann die Schriftart und die Schriftgröße ausgewählt werden.
Die Schriftgröße richtet sich nach dem Abstand zum Leser.
Ein Plakat soll auch von Weitem gut zu lesen sein.

Damit der Text einheitlich wirkt und gut lesbar ist, sollte man nicht zu viele verschiedene Schrifttypen verwenden.

Texte veröffentlichen

Texte können gesammelt und veröffentlicht werden.
Ein **Geschichtenheft** kann schön ausgestaltet sein.

Texte können **nach Themen geordnet** zum Lesen im Klassenzimmer stehen.

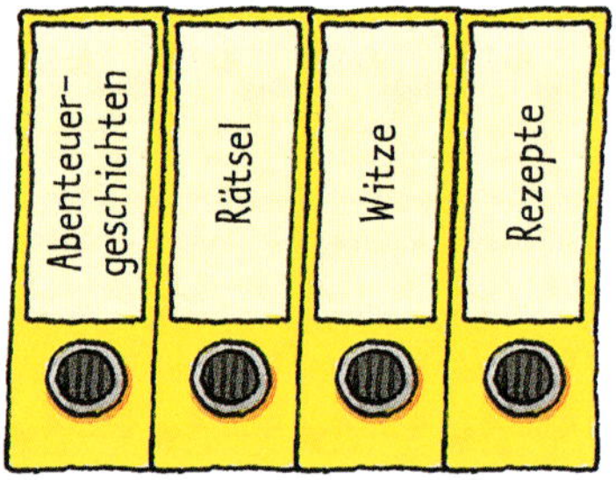

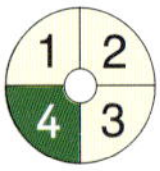

In einer **Klassenzeitung** werden viele verschiedene Texte veröffentlicht: Berichte, Erzählungen, Gedichte, Interviews, Witze, Rätsel, Buchtipps ... Sie soll unterhalten und informieren.

Auf dem Titelblatt der Klassenzeitung steht der Name und das Erscheinungsdatum.
Im Inhaltsverzeichnis werden die Titel der Beiträge und die entsprechenden Seitenzahlen aufgeführt.

Inhaltsverzeichnis

Schullandheimaufenthalt der Klasse 4a	S. 4
Interview mit dem Hausmeister	S. 7
Wissenswertes über die Mondfinsternis	S. 9
Buchvorstellung	S. 13
Witze, Rätsel	S. 15
Lustige Sprüche	S. 16

Die Mitarbeiter der Zeitung werden im Impressum genannt.
Die Klassenzeitung kann auch auf der Internet-Seite (Homepage) der Schule veröffentlicht werden.

Texte können als **Lernplakat** auf einem großen Papierbogen ausgestellt werden.
Die Anordnung (Text/Bild) muss übersichtlich sein.
Die Überschrift und Unterüberschriften werden auf dem Plakat verteilt.
Texte werden auf Karten oder Zettel geschrieben (große Schrift wählen) und an der richtigen Stelle aufgeklebt.

In Texten, die veröffentlicht werden, sollten keine Fehler sein. Damit man nicht alles neu gestalten muss, können Fehlerwörter überklebt werden.

Texte vortragen

In einem **Vortrag** (Referat) werden Zuhörer über ein bestimmtes Thema informiert.
Der Text kann durch Bildmaterial, z. B. auf Folien oder an einer Ausstellungswand, ergänzt werden.

Es ist günstig, die Zuhörer während des Vortrags anzusehen. Sie fühlen sich dann direkt angesprochen und können dem Thema besser folgen.
Stichpunkte auf Karteikarten können beim freien Sprechen hilfreich sein.

Ein Vortrag muss gut vorbereitet werden.

- Das Thema festlegen.
- Material und Informationen sammeln und auswerten.
- Den Sachtext schreiben (durch Absätze gliedern).
- Die wichtigsten Punkte auf Karteikarten übertragen.
- In die richtige Reihenfolge bringen und nummerieren.

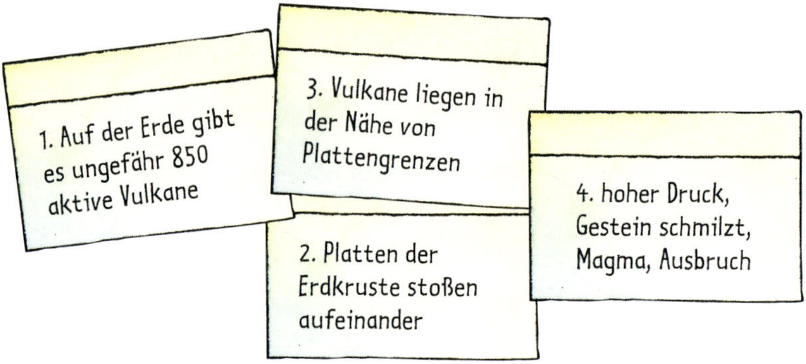

- Die Einleitung auswendig lernen.
- Bilder, Plakate, Folien vorbereiten.
- Den Vortrag üben.

Ein **Vortrag** sollte lebendig gestaltet werden.

- Die Einleitung auswendig sprechen.
- Blickkontakt mit den Zuhörern halten.
- Mithilfe der Karteikarten den Vortrag in einfachen Sätzen frei sprechen.
- Fachausdrücke erklären (die Zuhörer sind keine Experten!).
- Mit einem vorbereiteten Schlusssatz enden.
- Fragen der Zuhörer beantworten.

Auf **Overheadfolien** können Stichworte stehen, die als Gedankenstütze für die Zuhörer dienen.
Die Folien sollten in großer Schrift geschrieben und gut gliedert werden. Wichtiges sollte hervorgehoben werden.

An der **Pinnwand** können während des Vortrags Bilder und Texte nacheinander aufgehängt werden.
Es kann auch ein vorbereitetes **Plakat** gezeigt werden.

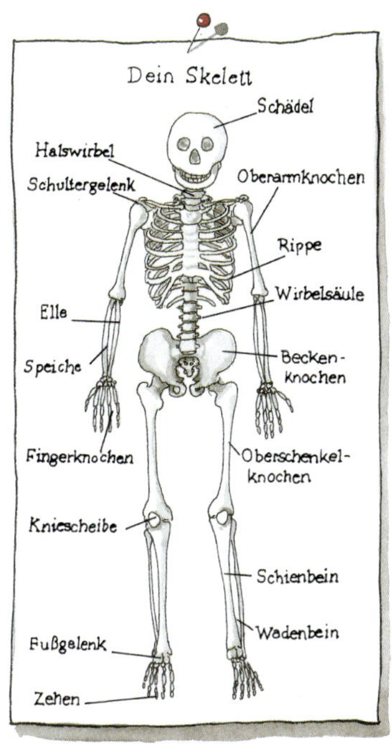

Texte planen

Diese Tipps helfen, Ideen zu sammeln und einen Text zu planen.

In einem **Cluster** kann ich Ideen ungeordnet um den Hauptbegriff oder das Thema aufschreiben.

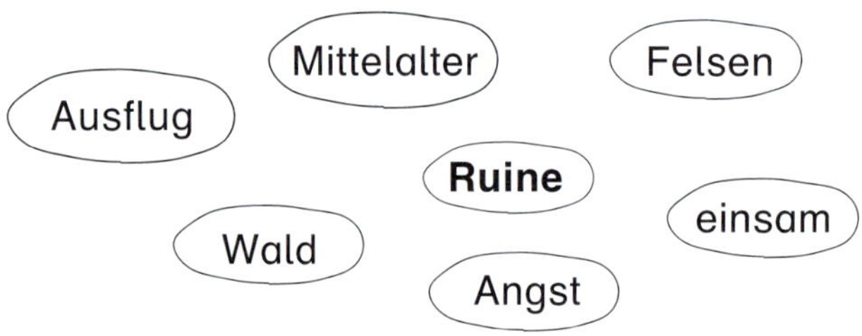

Zu diesen Wörtern kann ich weitere Ideen finden. So entsteht schließlich ein großer „Gedankenschwarm“.

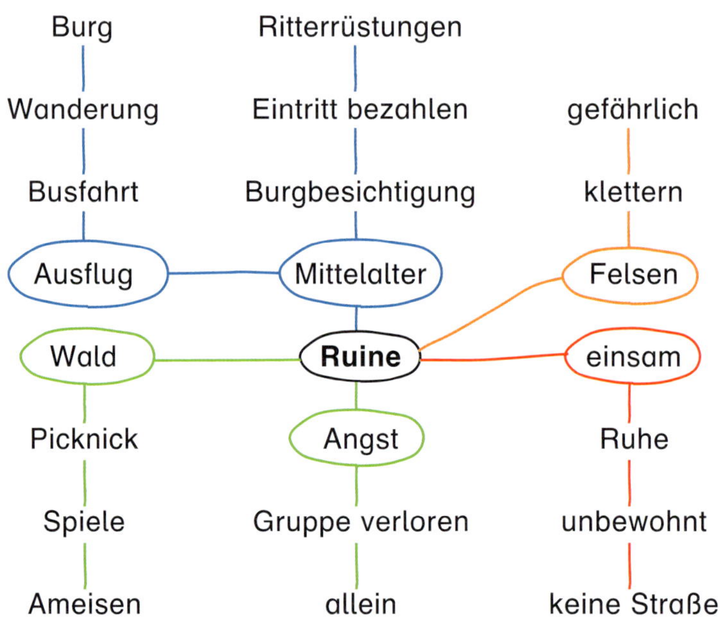

Das englische Wort **Mindmap** heißt übersetzt Gedankenlandkarte. Hier werden die Gedanken geordnet aufgeschrieben.

In der Mitte des Blattes steht das Thema. Ich kreise es ein und kann auch ein Bild ergänzen. Die Hauptäste werden an das Thema angehängt und mit einem Oberbegriff beschriftet.
An die Hauptäste kommen die Nebenäste mit den Unterbegriffen und weiteren Verzweigungen.

Tipps

Wörter mit gleicher oder ähnlicher Bedeutung gehören zu einem **Wortfeld**.

In vielen Wörterbüchern gibt es Listen mit den wichtigsten Wortfeldern. Hier kann ich nachschlagen, wenn ich ein treffendes Wort suche oder Wiederholungen eines Wortes vermeiden will.

anfangen	oder	anbrechen, anpacken, die Arbeit aufnehmen, beginnen, einsteigen, entstehen, eröffnen, loslegen, in Schwung kommen, starten
angeben	oder	sich aufblasen, aufschneiden, brüsten, prahlen, protzen, übertreiben, wichtig machen
Angst haben	oder	den Atem anhalten, Bammel haben, bangen, beben, bibbern, entsetzt sein, erschauern, erschrecken, sich fürchten, eine Gänsehaut bekommen, sich gruseln, Lampenfieber haben, den Mut verlieren, in Panik geraten, schaudern, schlottern, sich Sorgen machen, zittern
antworten	oder	Auskunft geben, beantworten, eingehen auf, einwerfen, entgegnen, erwidern, Kontra geben, sich melden, reagieren, widersprechen
aufmerksam	oder	achtsam, gespannt, hilfsbereit, höflich, konzentriert, umsichtig, vertieft, wachsam, zuvorkommend

Spiel-tipp

Wortfeld-Spiel

Ein Mitspieler nennt ein Wort, das häufig gebraucht wird. Wer findet dazu die meisten sinnverwandten Wörter? Anschließend wird im Wörterbuch nachgesehen, ob es noch mehr gibt.
fallen: stürzen, hinknallen, ausrutschen, den Halt verlieren, umkippen …

Um treffende Wörter zu suchen, kann ich Wörter eines Wortfeldes unterteilen.

langsam gehen: bummeln, flanieren …
schnell gehen: eilen, rasen, sausen …
verletzt gehen: humpeln, hinken …
auf besondere Weise gehen: waten, trippeln hüpfen …

Ich kann die Wörter auch als Cluster darstellen. Wörter, die enger zusammengehören, werden in einer Farbe umrandet.

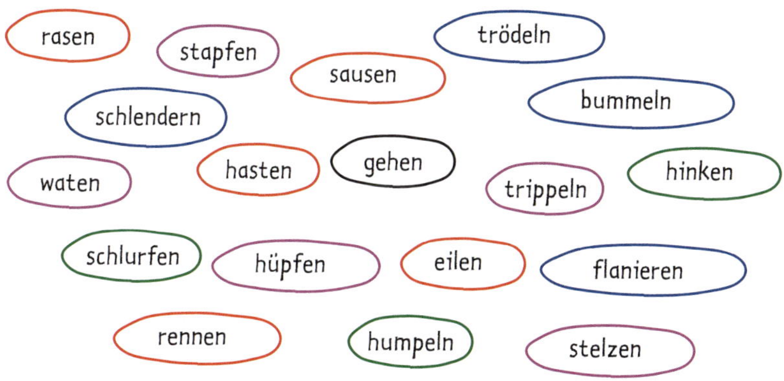

Wichtige Wortfelder sammle ich auf Karteikarten und bewahre sie nach dem Alphabet geordnet auf. So habe ich bald einen großen „Wortschatz“.

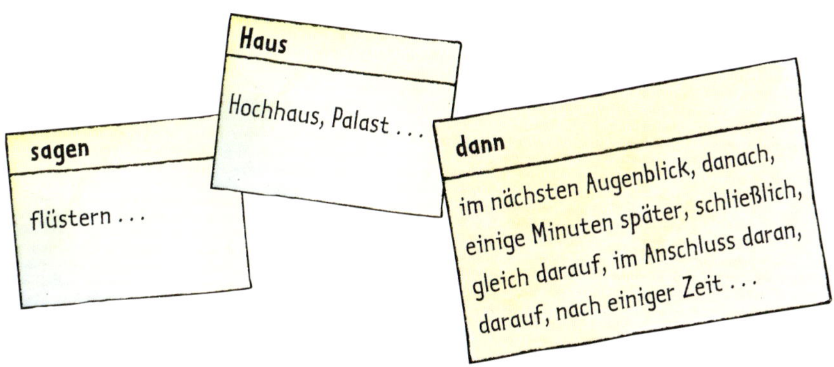

Tipps

Texte überarbeiten

Diese Fragen helfen, **Inhalt** und **Form** eines Textes zu überarbeiten.

- Sollte ich eine Erzählung, einen Sachtext oder einen Brief schreiben? Habe ich die **richtige** Form gewählt?

- Ist der Text für den Leser **verständlich?** Muss noch etwas ergänzt oder etwas gekürzt werden?

- Ist der Text gut **gegliedert?**

  Überschrift – Einleitung – Hauptteil – Schluss

- Ist die **Erzählung** sinnvoll und spannend aufgebaut?

  Passt die **Überschrift** zum Text, macht sie neugierig?
  Habe ich in der **Einleitung** geschrieben, wann und wo die Geschichte spielt und wer die Personen sind?
  Stehen im Hauptteil die Erzählschritte in der richtigen **Reihenfolge?**
  Gibt es einen **Höhepunkt?** Muss ich hier noch ausführlicher schreiben?
  Hat die Geschichte einen kurzen **Schluss?**
  Erfahren die Leser etwas über die **Gedanken** und die **Gefühle** der Personen?

- Ist der **Sachtext** vollständig?

  Habe ich keine **wichtigen Informationen** vergessen?
  Habe ich die Informationen sinnvoll **geordnet?**
  Habe ich den Text in **Abschnitte** gegliedert?
  Muss ich **Fachbegriffe** erklären?

Diese Fragen helfen, die **Sprache des Textes** zu überarbeiten.

- Werden die Satzanfänge **abwechslungsreicher,** wenn ich einzelne Satzglieder umstelle?

- Kann ich einzelne Wörter oder Satzglieder durch andere ersetzen, um etwas **genauer** und **treffender** zu sagen?

  Er läuft durch das Wasser. – Er watet …

- Kann ich Nomen durch Pronomen ersetzen, um **Wiederholungen** zu **vermeiden?**

  Lisa kommt gleich. Lisa bringt ihren Hund mit.
  Lisa kommt gleich. Sie …

- Kann ich **Sätze** mit Bindewörtern **zusammenfassen?**

  Ich gehe in die Schule. Ich gehe danach zu meiner Oma.
  Ich gehe in die Schule und danach zu meiner Oma.

- Kann ich den Text **kürzen,** indem ich einzelne Sätze, Satzglieder oder Wörter weglasse, die für den Inhalt nicht wichtig sind?

- Habe ich die **richtige Zeitstufe** gewählt?

- Habe ich bei Erzählungen **die wörtliche Rede** verwendet, um Gedanken und Äußerungen der Personen wiederzugeben?

  „So ein Pech!“, dachte ich.

Tipps

Diese Fragen helfen die **Rechtschreibung** zu überarbeiten.

Sind alle Wörter und alle Sätze **vollständig?**
Habe ich keinen Buchstaben, kein Wort vergessen?

du
Kommst heute zum Sport?

Habe ich alle **Nomen** und **Satzanfänge großgeschrieben?**

Habe ich alle Wörter im **Wörterbuch** nachgeschlagen, bei denen ich mir nicht sicher bin, wie sie richtig geschrieben werden?

Habe ich alle **Satzzeichen** gesetzt?

Fragezeichen, Ausrufezeichen, Punkt, Komma

Ist die wörtliche Rede durch **Anführungszeichen** gekennzeichnet?

Lisa ruft: „Nimm deine Turnschuhe mit."
„Nimm deine Turnschuhe mit", ruft Lisa.
„Nimm deine Turnschuhe mit", ruft Lisa, „und denk auch an deine Turnhose."

Diese Fragen helfen, **die Gestaltung** eines Textes zu überarbeiten.

- Habe ich **deutlich** und **ordentlich** geschrieben?
- Ist die **Schriftgröße** so gewählt, dass der Leser den Text gut lesen kann?

  Ist der Text gut lesbar?

  Ist der Text gut lesbar?

  Ist der Text gut lesbar?

- Ist der Text in **Abschnitte** gegliedert?
- Habe ich die **Überschrift** besonders gestaltet oder hervorgehoben?
- Sind **Textabschnitte** und **Bilder** auf dem Blatt gut **verteilt?** Habe ich an allen vier Blattseiten einen **Rand** gelassen?

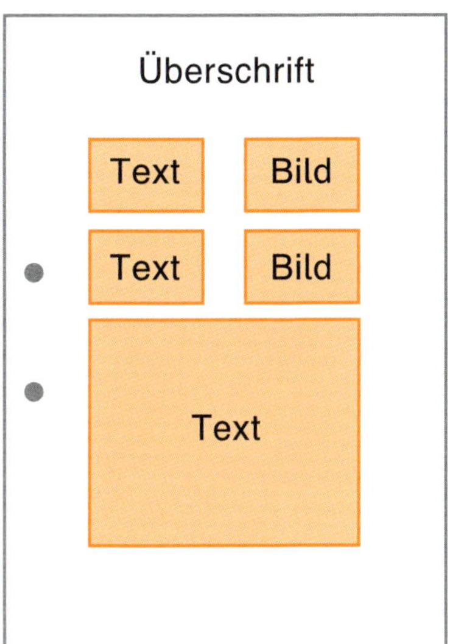

Zeichen

Diese **Bildzeichen** (Piktogramme) kann fast jeder verstehen. Sie sind an Bahnhöfen, in Flughäfen, im Straßenverkehr und überall dort zu finden, wo Menschen aus unterschiedlichen Ländern zusammenkommen.

Diesen **Satz** kann nur derjenige **lesen und verstehen,** der die lateinischen Buchstaben und die deutsche Sprache gelernt hat.

Lesen ist ein Vorgang, bei dem wir etwas Geschriebenes mit den Augen erfassen und ihm einen Sinn zuordnen. Dazu muss man die **Schriftzeichen** und ihre Bedeutung kennen.

Die frühesten Schriften bestanden aus vereinfachten Bildzeichen.
Die ägyptischen Hieroglyphen gehören zu den frühesten und bekanntesten **Bilderschriften.**

Bei der **Blindenschrift** werden einzelne Zeichen mit den Fingern ertastet und entschlüsselt.

Beim **Morsealphabet** werden die einzelnen Buchstaben durch kurze (Punkt) und lange Zeichen (Strich) dargestellt.

a	· –	h	· · · ·	q	– – · –	1	· – – – –
ae	· – · –	i	· ·	r	· – ·	2	· · – – –
à, å	· – – · –	j	· – – –	s	· · ·	3	· · · – –
b	– · · ·	k	– · –	t	–	4	· · · · –
c	– · – ·	l	· – · ·	u	· · –	5	· · · · ·
ch	– – – –	m	– –	ue	· · – –	6	– · · · ·
d	– · ·	n	– ·	v	· · · –	7	– – · · ·
e	·	ñ	– – · – –	w	· – –	8	– – – · ·
é	· · – · ·	o	– – –	x	– · · –	9	– – – – ·
f	· · – ·	oe	– – – ·	y	– · – –	0	– – – – –
g	– – ·	p	· – – ·	z	– – · ·		

Punkt	· – · – · –
Komma	– – · · – –
Doppelpunkt	– – – · · ·
Bindestrich	– · · · · –
Apostroph	· – – – – ·
Klammer	– · – – · –
Fragezeichen	· · – – · ·
Notruf: SOS	· · · – – – · · ·
Irrung	· · · · · · · ·
verstanden	· · · – ·
Schlusszeichen	· – · – ·

Buchstaben und Wörter

Wir benutzen 24 Buchstaben aus dem lateinischen Alphabet. Die Buchstaben Y/y und Z/z wurden aus dem griechischen Alphabet übernommen.

Buchstaben (Schriftzeichen) stehen **für einzelne Laute** im Wort. Sie werden **von links nach rechts** gelesen. Es gibt sehr viel mehr Laute als Buchstaben. Deshalb werden manche Laute, z. B. Sch/sch oder Ch/ch durch Buchstabenkombinationen dargestellt.

Beim Lesen eines Textes **erwarten** wir aus dem Zusammenhang **einen bestimmten Sinn.** Wir denken beim Lesen immer schon ein Stück voraus. Beim weiteren Lesen überprüfen wir, ob unsere Vermutung richtig war.

Er sucht den Ba … Ball? Basar? Bahnhof?

Auch wenn Buchstaben nur teilweise zu erkennen sind, können geübte Leser die Wörter erkennen und verstehen.

Lesemeister können diesen Satz lesen.

Spiel-tipp

Buchstabenraten

Ein Mitspieler nennt die erste Silbe eines mehrsilbigen Nomens. Wer zuerst das Wort geraten hat, darf weitermachen.

Lo… – Lose – Lotterie – Lokal – Lokomotive

Ein kann Tipp weiterhelfen: „Steht am Bahnhof.“

Viele Wörter werden durch häufiges Lesen auf einen Blick erkannt.

der – das – sind – er – sie
ist – Ball – die – Zoo – Haus

Blitzlesen

Ein Mitspieler schreibt 10 einsilbige Wörter verdeckt auf und zeigt sie kurz. Die anderen Mitspieler lesen leise. Die Wörter werden wieder abgedeckt. Wer hat sich die meisten Wörter gemerkt? Wer kann sie aufschreiben?

Spieltipp

Da bestimmte **Buchstabengruppen** immer wiederkehren, können viele Wörter schnell erlesen werden.

der **Ab**lauf	kl**ein**	lie**gen**
der **Ab**stand	das B**ein**	der Kra**gen**

In einem Satz und auch bei zusammengesetzten Wörtern werden zuerst die **Wortgrenzen** erfasst. Dazu muss man genau lesen und auf den Sinn achten.

Die / Turnier/pferde / stehen / in / der /
Anhänger/pferde/box.
Die / Blumen/topf/erde / muss / heute /
aus/gewechselt / werden.

Lange zusammengesetzte Wörter, deren Wortgrenzen nicht gleich zu erkennen sind, können **in Silben zerlegt** werden.

kampferprobter Ritterrüstungshelmverschluss
kampf er prob ter Rit ter rüs tungs helm ver schluss

Sätze und Abkürzungen

Beim schnellen Lesen erweitert sich der Blickwinkel. Es wird nicht mehr Wort für Wort gelesen, sondern auch über die Zeile hinaus, um schnell den Sinn des Textes zu erfassen.

Baum

der Baum

der große Baum

der große alte Baum steht

der große alte Baum steht am Rande

der große alte Baum steht am Rande des Parks
und spendet am Mittag

Schatten

Zur besseren **Lesbarkeit** werden die Texte durch **Satzzeichen** gegliedert. Bei einem Punkt, Fragezeichen oder Ausrufezeichen ist ein Gedanke zu Ende. Kommas unterteilen längere Sätze in Leseabschnitte. Anführungszeichen kennzeichnen, was wörtlich gesagt wird.

Heute morgen war ich bei deiner Tante Lisa wollte auch mitgehen aber sie hat verschlafen wie viel Uhr ist es fragte sie

Heute Morgen war ich bei deiner Tante. Lisa wollte auch mitgehen, aber sie hat verschlafen. „Wie viel Uhr ist es?“, fragte sie.

Informationen werden nicht nur über Wörter und Sätze weitergegeben. Auch **Abkürzungen** und **Zeichen** können gelesen werden.

In Rezepten:

200 **g** Butter, 230 **g** Zucker, 3 Eier, 300 **g** Mehl,
2 **EL** Backpulver, 200 **ml** Orangensaft …

In Stundenplänen:

M: Mathematik, D: Deutsch, SP: Sport, MU: Musik,
HUS: Heimat- und Sachunterricht, REL: Religion,
E: Englisch, KU: Kunst, TG: Textiles Gestalten

Zeit	Montag	Dienstag	Mittwoch	Donnerstag	Freitag
8.00 Uhr	M	SP	E	M	M
8.50 Uhr	M	D	KU	HUS	MU
9.55 Uhr	D	M	D	D	D
10.50 Uhr	REL	HUS	REL	E	TG
11.45 Uhr	MU	HUS	Chor	SP	TG

In Fahrplänen:

Frankfurt (Main) Hbf – Heidelberg Hbf

Ab	Zug	Umsteigen	An	Ab	Zug	An
9.50	ICE 593 🍴	Mannheim Hbf	10.28	10.34	RE 4835	**10.48**
10.07	RB 36251					**10.36**
10.19	IC 2297					**11.12**
10.44	EC 54	Mannheim Hbf	11.37	11.54	IC 119	**12.04**
10.50	ICE 873 🍴	Mannheim Hbf	11.28	11.34	RE 4805	**11.48**

Die verwendeten Zeichen werden in einer Legende erklärt. 🍴 – Speisewagen

Tabellen und Diagramme

Tabellen und **Diagramme** zeigen Fakten auf einen Blick. Viele **Zeitpläne** sind deshalb in Tabellenform gestaltet: der Stundenplan, der Fahrplan oder die Übersicht über Sportveranstaltungen des Vereins.
Tabellen werden auch angelegt, um sich nach **Auszählungen** einen Überblick zu verschaffen.

Eine **Tabelle** ist in waagerechte Zeilen und senkrechte Spalten aufgeteilt.

Ausgeübte Sportarten in den 4. Klassen der Lindenschule

Spalte ↓

Zeile →

	Turnen	Tennis	Handball	Fußball	Schwimmen
4a	𝍸 II	𝍸	𝍸 IIII	𝍸 𝍸	II
4b	𝍸	III	𝍸 𝍸	𝍸 𝍸 I	IIII
4c	𝍸 I	III	𝍸	𝍸 𝍸 I	𝍸

Um die Daten miteinander zu vergleichen, können sie in einem Diagramm dargestellt werden.
In einem **Kreisdiagramm** werden die Anteile an einem Ganzen dargestellt.

Ausgeübte Sportarten in der Klasse 4c der Lindenschule

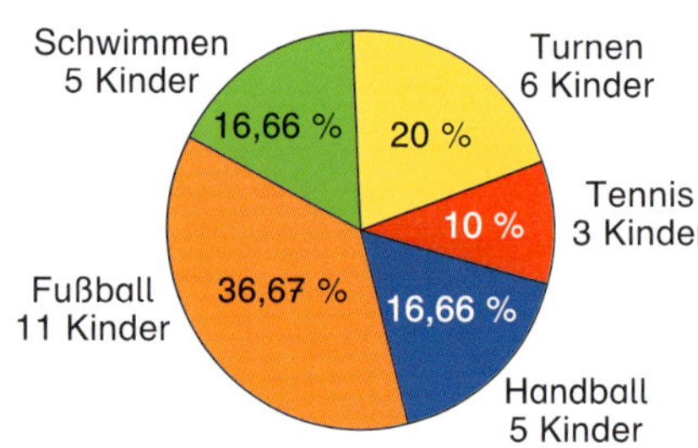

Auf einen Blick ist zu erkennen, dass die Fußballspieler die größte Gruppe bilden.

Bei einem **Säulendiagramm** stehen zwei Achsen senkrecht zueinander.

Ausgeübte Sportarten aller 4. Klassen der Lindenschule

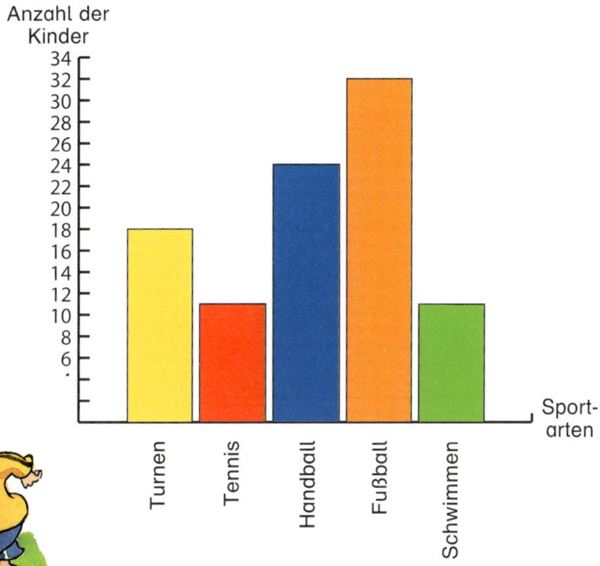

Bei einem **Kurvendiagramm** werden zuerst die Messpunkte eingetragen. Abschließend werden die Punkte verbunden. So kann der Verlauf, z. B. das Wachstum einer Pflanze, abgelesen werden.

Wachstum einer Pflanze in sieben Tagen

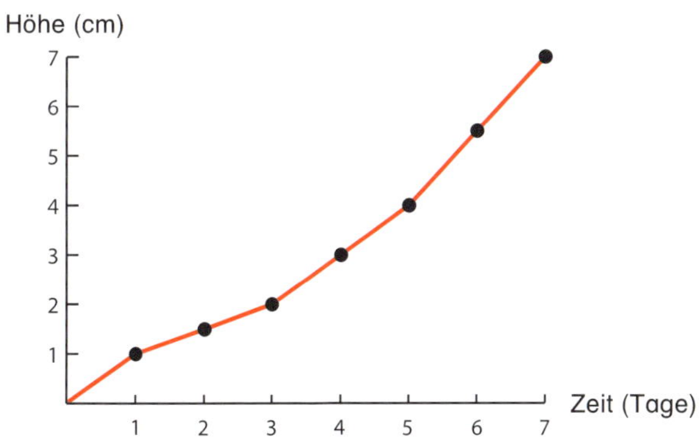

Karten und Pläne

Auf **Landkarten** werden aus der Sicht von oben Länder, Städte und Landschaften verkleinert abgebildet.
Beim Lesen der Karten hilft die jeweilige **Legende.** In ihr werden die **Zeichen erklärt.**

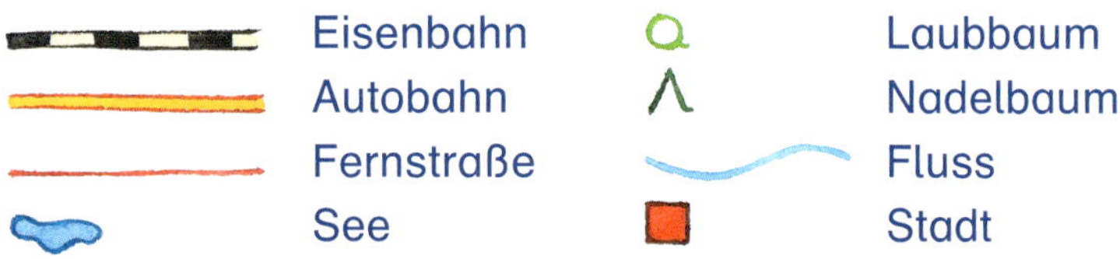

Manche Karten zeigen viele Einzelheiten, andere einen großen Überblick. Der **Maßstab** zeigt an, in welchem Verhältnis das Bild verkleinert wurde.
Bei einem Stadtplan kann der Maßstab 1 : 5000 sein.
1 cm auf der Karte entspricht dann 5000 cm (50 m) in der Wirklichkeit.

Spiel-tipp

Schatzsuche

Ein Mitspieler versteckt einen „Schatz" und zeichnet eine Schatzkarte. Dazu verwendet er verschiedene eindeutige Zeichen.
Die anderen Mitspieler suchen einzeln oder in Gruppen. Wer ist zuerst am Ziel?

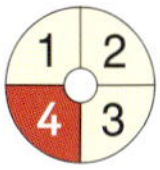

Wetterkarten werden nach der Wettervorhersage gezeichnet. Durch Symbole können die einzelnen Bestandteile des Wetters (Regen, Wind, Bewölkung, Temperatur, ...) dargestellt werden.

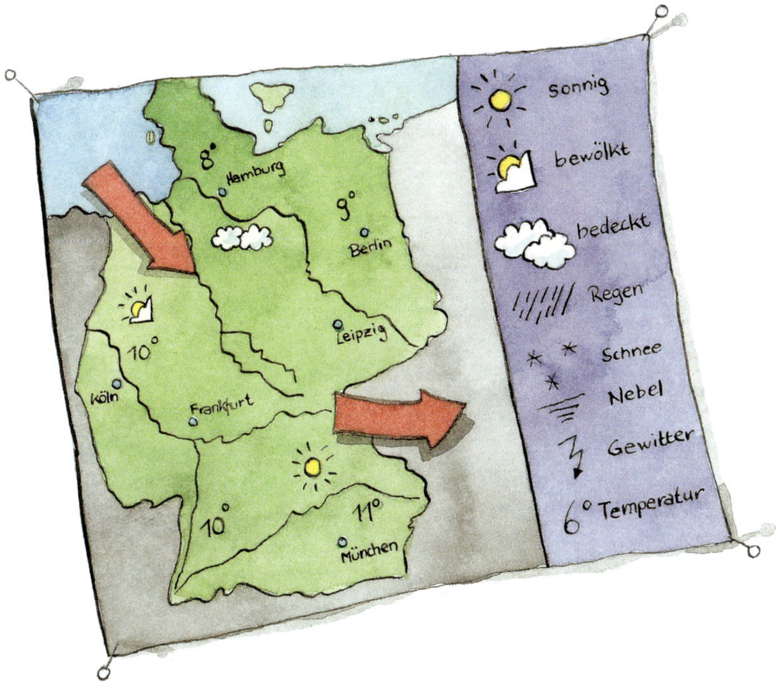

Informationen entnehmen

In einem **Sachtext** erhält der Leser Informationen, die sachlich und überprüfbar sind.

Papier

Das Papier erhielt seinen Namen von der Papyruspflanze, einer mehrere Meter hohen Staude aus den Sumpfgebieten Ägyptens. Im Ägyptischen Reich stellte man aus dem Mark des Papyrus eine Art Papier her, indem es in Scheiben geschnitten und verklopft wurde. Das Papier, das wir kennen, erfanden erstmals die Chinesen um 100 n. Chr. Im 14. Jahrhundert stellte man in Europa Papier aus Lumpen her.
Heute verwendet man vor allem Holz als Rohstoff. Die Stämme werden entrindet und zerkleinert. Unter ständigem Rühren entsteht ein Brei. Man gibt Leim und Füllstoffe hinzu und verdünnt stark mit Wasser. Dann folgt die eigentliche Papierherstellung auf einer bis zu 100 Meter langen Maschine. Der dünnflüssige Brei läuft auf ein Sieb. Das Wasser tropft ab und die Fasern verfilzen sich. Die Papierbahn muss nun noch getrocknet, gewalzt und geglättet und schließlich aufgerollt werden.

Beim Lesen eines Textes fällt der Blick zuerst auf die **Überschrift,** auf **Bilder** oder **Fotos.**

Beim schnellen **ersten Lesen** verschafft sich der Leser einen **Überblick.** Dazu wird der Text „überflogen“. Einzelne Wörter fallen besonders auf.

> Das **Papier** erhielt seinen Namen von der **Papyruspflanze,** einer mehrere Meter hohen Staude aus den **Sumpfgebieten Ägyptens.** Im **Ägyptischen Reich** stellte man aus dem **Mark des Papyrus** eine Art Papier her, indem es in **Scheiben geschnitten** und verklopft wurde.

Der Leser macht sich Gedanken über den Inhalt des Textes.

Inhalt zusammenfassen

Beim **gründlichen Lesen** wird der Text noch einmal langsam gelesen. Dabei können wichtige Wörter unterstrichen oder umkreist werden. Diese Wörter, die wichtige Informationen enthalten, werden **Schlüsselwörter** genannt.

Wenn eine durchsichtige Folie auf den Text gelegt wird, kann man markieren, ohne Spuren auf dem Blatt oder im Buch zu hinterlassen.

Das Papier, das wir kennen, erfanden erstmals die Chinesen um 100 n. Chr. Im 14. Jahrhundert stellte man in Europa Papier aus Lumpen her.
Heute verwendet man vor allem Holz als Rohstoff. Die Stämme werden entrindet und zerkleinert. Unter ständigem Rühren entsteht ein Brei. Man gibt Leim und Füllstoffe hinzu und verdünnt stark mit Wasser. Dann folgt die eigentliche Papierherstellung auf einer bis zu 100 Meter langen Maschine. Der dünnflüssige Brei läuft auf ein Sieb. Das Wasser tropft ab und die Fasern verfilzen sich. Die Papierbahn muss nun noch getrocknet, gewalzt und geglättet und schließlich aufgerollt werden.

Stellen, über die der Leser noch einmal nachdenken will, kann er durch Randzeichen oder eine Notiz markieren.

! Hier steht etwas Wichtiges.
? Hier habe ich noch Fragen. Das verstehe ich nicht.

Der Leser wird nicht jeden Begriff verstehen. Deshalb werden **unbekannte Begriffe** gekennzeichnet und im Lexikon nachgeschlagen.

der **Rohstoff,** Rohstoffe stammen aus dem Tier- oder Pflanzenreich oder sind Bodenschätze wie Erdgas, Gold.

Um sich Informationen zu den einzelnen **Abschnitten** zu merken, können Überschriften oder einige, wenige Stichworte aufgeschrieben werden.

1. Abschnitt: Die Papyruspflanze aus Ägypten gab dem Papier seinen Namen.
2. Abschnitt: Die Chinesen erfanden das Papier, das wir kennen.
3. Abschnitt: Heute wird Papier aus Holz hergestellt.

Wenn es keine Abschnitte gibt, kann man den Text selbst gliedern. Zwischen zwei Sinnabschnitte wird eine Markierung gesetzt: //

Der **Inhalt** des Textes kann mithilfe der Notizen oder der markierten Schlüsselbegriffe mündlich oder schriftlich **zusammengefasst** werden.

Fragen zum Text beantworten

Um zu überprüfen, ob der Leser Informationen aus dem Text behalten hat, können **Fragen** gestellt werden. Um eine Frage zu beantworten, muss sie genau gelesen werden. Die Fragewörter können wichtige Hinweise geben.

Wo wächst die Papyruspflanze?
Wer erfand das Papier, das wir heute kennen?

Auch Verben, Nomen oder Adjektive können in der Frage wichtig sein.

Worauf **läuft** der **dünnflüssige** Brei?

Um **Antworten** zu finden, kann der Leser den Text noch einmal **überfliegen** und gezielt nach bestimmten Wörtern aus der Frage suchen.

Der **dünnflüssige** Brei **läuft** auf ein Sieb.

Zu manchen Texten werden **Auswahlantworten** vorgegeben. Durch genaues Lesen kann die richtige Antwort gefunden und angekreuzt werden.

Woher stammt das Wort „Papier“?

☐ von der chinesischen Papyruspflanze

☒ von der Papyruspflanze aus den Sumpfgebieten Ägyptens

☐ von einem arabischen Riesengras

Woraus stellte man im 14. Jahrhundert in Europa Papier her?

☐ aus Wolle

☒ aus Lumpen

☐ aus Gräsern

Woraus besteht der Brei zur Papierherstellung?

☒ aus Holzfasern

☐ aus Kunststoff

☐ aus Getreidefasern

Quiz

Ein Wissensgebiet wird ausgewählt, z. B. Umwelt, Verkehr, Märchen, Bücher. Der Spielleiter schreibt Fragen und jeweils 3 mögliche Antworten auf. Er liest sie vor. Die Mitspieler notieren: a, b oder c. Wer hat die meisten richtigen Antworten?

Spieltipp

Texte verstehen

Zu den erzählenden Texten gehören z. B. Erlebniserzählungen, Abenteuergeschichten, Märchen, Fabeln und Sagen.

Wasserschaden
Die 3. Klasse macht einen Ausflug zur Burg Drachenfels. Dienstags gibt es eine Führung durch die verschiedenen Räume. Auf die Ritterrüstungen freut sich Max am meisten. „Ob man die auch anfassen darf? Sicher würden sie mir von der Größe genau passen“, denkt er während des mühsamen Aufstiegs.
Jetzt sind sie schon zwei Stunden im Wald unterwegs. Leider kann man mit dem Bus nicht bis zum Eingang der Burg fahren und sie haben nicht den kürzesten Weg ausgewählt. Max hat Hunger und Durst. Bis zur nächsten Rast will er nicht mehr warten.
Schnell setzt er seinen Rucksack ab und stellt ihn auf einen Stein.
Knacks! Da bildet sich ein Wasserfleck.
„Ihr sollt doch keine Glasflaschen mitnehmen“, schimpft Lisas Vater, der heute als Begleitperson dabei ist. Max ist wütend: „Heute ist nicht mein Glückstag! Alles ist aufgeweicht und ich habe nichts mehr zu trinken.“
Da stellt er mit Erleichterung fest:
„Die Gummibärchen sind noch zu retten.
Wenigstens diese Tüte ist wasserdicht!“

Auch einen Erzähltext sollte der Leser gründlich lesen. Mit Fragen kann der Text erschlossen werden.

Wer oder was kommt in der Geschichte vor?
(wichtige Personen, Dinge, Pflanzen, Tiere)

Wo spielt die Geschichte?
(die wichtigsten Orte)

Wann findet das Geschehen statt?
(die wichtigen Zeitangaben)

Was passiert in der Geschichte?
(die einzelnen Erzählschritte)

Warum geschieht etwas, tut jemand etwas?
(die Ursachen für das Ereignis)

Bilder im Kopf helfen, sich alles genau vorzustellen und sich so besser merken zu können.

Es ist wichtig, dass sich der Leser mit der **Hauptperson** beschäftigt. Er kann sich fragen, ob er die Person/die Personen versteht oder ob er anders handeln würde.

Wie handeln sie?
Welche Gedanken und Gefühle äußern sie?

Wenn er der Text gründlich gelesen und verstanden hat, kann sich der Leser abschließend eine **eigene Meinung** bilden. Seine Meinung sollte er begründen können.

Hat mir die Geschichte gefallen
oder nicht? Warum?

Märchen

Seit Jahrtausenden werden **Märchen** auf der ganzen Welt mündlich erzählt. In Märchensammlungen wurden sie schriftlich festgehalten. Die bekannteste deutsche Märchensammlung ist die der Brüder Grimm.

Märchen kann man schnell erkennen, weil sie bestimmte **Merkmale** gemeinsam haben.
Da Märchen von vergangenen Zeiten erzählen, beginnen sie oft mit einem bestimmten **Märchenanfang:**

Es war einmal …
In den alten Zeiten …

Für den **Märchenhelden** gibt es oft drei schwere Aufgaben zu lösen. Meist kann er sie nur lösen, wenn er gute Helfer hat, z. B. die gute Fee oder Siebenmeilenstiefel.

Die **Gegensätze** zwischen Gut und Böse, Arm und Reich, Schön und Hässlich, Dumm und Schlau spielen in den meisten Märchen eine große Rolle.

Spieltipp

Märchenfiguren raten

Ein Mitspieler beschreibt eine bekannte Märchenfigur,
z. B. ihr Aussehen, die Kleidung und ihr Verhalten.
Tipp: Nicht gleich mit den eindeutigen Merkmalen beginnen!

Ein junges hübsches Mädchen,
es spielt gern im Park mit einem besonderen Spielzeug,
es hält sich gern in der Nähe eines Brunnens auf …

Zauberwesen und **ungewöhnliche Dinge** wie Zwerge, Drachen, Riesen, Feen, Hexen, goldene Schlüssel, sprechende Spiegel oder ein vergifteter Kamm sind in jedem Märchen zu finden.

Die **Zahlen drei, sieben und zwölf** kommen immer wieder vor.

drei Wünsche, in drei Tagen
einen Namen finden,
die sieben Geißlein,
Siebenmeilenstiefel,
die sieben Zwerge,
zwölf Feen,
zwölf Raben …

Zaubersprüche werden meist mehrmals wiederholt.

Spieglein, Spieglein an der Wand,
wer ist die Schönste im ganzen Land?

Am **Märchenende** gibt es oft Sieger und Verlierer.

Da lebten sie glücklich bis ans Ende ihrer Tage.
Die böse Stiefmutter aber musste auf glühenden Kohlen tanzen …

Sagen und Fabeln

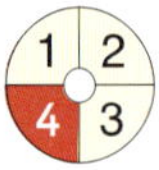

Auch **Sagen** wurden mündlich weitergegeben. Sie berichten über **unglaubliche Begebenheiten in der Vergangenheit** und versuchen sie zu erklären.

Der Rattenfänger zu Hameln
Im **Jahre 1284** soll sich Folgendes zugetragen haben. In **Hameln an der Weser** herrschte große Aufregung. Die Einwohner kämpften seit einiger Zeit mit einer großen Ratten- und Mäuseplage. Da kam ein unbekannter Mann in die Stadt und versprach gegen ein Honorar die Stadt von der Mäuseplage zu befreien …

In der Sage wird ein **Ort** genannt, den es gibt oder gegeben hat. Auch ein genaues **Datum** kann vorkommen. Dinge, die heute noch zu sehen sind, dienen als Beweis für die Richtigkeit der Geschichte, zum Beispiel ein Fels.

In Sagen werden Menschen, die undankbar oder ungerecht waren, in Angst und Schrecken versetzt. Dazu greifen **übernatürliche Kräfte** ein: Das Meer erhebt sich, ein Berg öffnet sich … Es können Riesen, Drachen und andere **geheimnisvolle Wesen** auftreten.

Die Bürger verweigerten dem Rattenfänger seinen Lohn und er verließ zornig die Stadt. Doch er kehrte am nächsten Morgen zurück, …
Der Rattenfänger führte die Kinder hinaus vor die Stadt in einen Berg und dort verschwand er mit ihnen für immer.

Fabeln sind kleine Geschichten, in denen Tiere oder Pflanzen sprechen und wie Menschen handeln, fühlen und denken können. Fabeln zeigen etwas über das Verhalten von Menschen. Im letzten Satz steht oft, was man aus dieser Beispielgeschichte lernen kann.

1 2
4 3

Der Löwe und die Maus

Ein Löwe lag im Schatten eines Baumes und schlief. Einige Mäuse liefen neugierig zu ihm hin und weil sich das große, schlafende Tier nicht bewegte, hüpfte eine Maus zwischen seine Pranken.

Da wurden auch die anderen mutig und bald tanzten die Mäuse auf dem schlafenden König der Tiere. Das aber weckte den Löwen auf. Er schüttelte sich unwillig und fing eine der Mäuse mit seiner Pranke. Da zitterte die Maus vor Furcht, versuchte aber, es nicht zu zeigen und rief: „Ich bitte dich, schone mein Leben! Ich will es dir mit einem Gegendienst vergelten."

Der Löwe hob verdutzt seine Pranke, musste lachen und ließ das kleine Tierchen laufen.

Einige Zeit später geriet der Löwe in eine Falle. Es war aber nicht weit weg von der Stelle, wo die Maus in ihrem Erdloch lebte. Als sie den Löwen hilflos in den Netzen der Jäger sah, lief sie zu ihm und nagte mit ihren spitzen Zähnen eine Schlinge entzwei. Dadurch lösten sich die andern Knoten, der Löwe konnte das Netz zerreißen und war wieder frei.

Keiner ist so schwach, dass er nicht auch einmal einem Starken helfen könnte.

nach Äsop

Form und Vortrag

1 2 4 3

In einem **Gedicht** drückt der Autor seine Gedanken und seine Stimmung aus. Dafür verwendet er **sprachliche Bilder** und bringt seine Worte in eine **bestimmte Form.**

Der Frühling kommt bald

Herr Winter
geh hinter,
der Frühling kommt bald!
Das Eis ist geschwommen,
die Blümlein sind kommen
und grün wird der Wald.

Herr Winter,
geh hinter,
dein Reich ist vorbei.
Die Vögelein alle,
mit jubelndem Schalle,
verkünden den Mai!

Christian Morgenstern

Die Zeile eines Gedichts wird **Vers** genannt.

Mehrere Verse bilden eine **Strophe.**

Herr Winter,
geh hinter,
der Frühling kommt bald!
Das Eis ist geschwommen
Die Blümlein sind kommen
und grün wird der Wald.

Am Ende der Verse stehen oft Wörter, die gleich oder ähnlich klingen. Sie bilden einen **Reim.**
Die Verse, die sich reimen, können hintereinander folgen oder Zeilen überspringen.

Winter
hinter bald
Wald

Nicht jedes Gedicht hat Reime.

Schneekristall

Ein Schneekristall lag
mir auf der Hand, ewig schön,
eine Sekunde.

Josef Guggenmos

Gedichte können unterschiedlich vorgetragen werden und erzeugen dadurch eine bestimmte **Wirkung oder Stimmung.**

Durch Ausprobieren wird entschieden, wo laut, leise, langsam oder schneller gesprochen werden soll, wo man eine kurze Pause oder eine lange Pause machen will.
Diese Stellen kann man mit Zeichen im Text kennzeichnen.

/ kurze Pause // lange Pause
< lauter werden > leiser werden

Ein Wort, das betont werden soll, kann unterstrichen werden.

Informationen zu einem Buch

Es gibt unterschiedliche Bücher:

Sachbücher informieren über ein Thema.

Kochbücher und **Bastelbücher** geben Anleitungen zu einem bestimmten Gebiet.

Abenteuerbücher, Krimis, Märchenbücher erzählen eine Geschichte und wollen unterhalten.

In **Bilderbüchern** wird eine Geschichte mit vielen Bildern erzählt und es gibt nur wenig Text zu lesen.

Wörterbücher und **Lexika** werden zum Nachschlagen benutzt.

Verschiedene Informationen helfen das richtige Buch zu finden.

Auf dem **Buchdeckel** (Cover) gibt es erste Informationen zum Inhalt des Buchs.
Das **Bild** will auf den Inhalt neugierig machen. Die Hauptfigur oder die Sachthemen werden vorgestellt.
Auch der **Buchtitel** gibt Hinweise auf den Inhalt des Buchs.

Die schönsten Märchen aus aller Welt
Klaus liebt Nina
Das Weltall

Der **Name der Autorin** oder **des Autors** zeigt, wer das Buch geschrieben hat.
Auch der **Name des Verlags,** bei dem das Buch erscheint, kann auf dem Cover zu finden sein.

Auf der Innenseite des Schutzumschlages oder auf der Rückseite des Buchs befindet sich der **Klappentext.** Hier wird der Inhalt des Buches kurz zusammengefasst, ohne zu viel zu verraten. Manche Klappentexte stellen nur den Anfang der Geschichte vor.

Die **Autorin oder der Autor** wird manchmal mit den wichtigsten Lebensdaten, auch mit einem Bild, vorgestellt. Auch andere Bücher, die sie geschrieben haben, können aufgeführt sein.

Wer noch mehr über bestimmte Autorinnen oder Autoren wissen möchte, kann im Internet nachforschen.

Die **Illustratorin oder der Illustrator** sind die Personen, die im Buch und auf dem Cover die Bilder gezeichnet oder gemalt haben. Auch ihre Namen kann man im Buch finden.

Das **Impressum** ist meist auf einer der ersten Buchseiten zu finden. Dort wird der Verlag, das Jahr und der Ort genannt, an dem das Buch zum ersten Mal erschienen ist. Ebenso wird die Druckerei genannt, in der das Buch hergestellt wurde.

Viele Bücher sind in verschiedene **Kapitel** eingeteilt. Diese haben eine Überschrift oder werden durchnummeriert.

In manchen Büchern gibt es ein **Inhaltsverzeichnis,** in dem die Kapitelüberschriften und die Seitenzahlen aufgeführt sind.

In Sachbüchern und Nachschlagewerken sollte man einen Begriff oder ein Sachgebiet schnell finden können. Dabei hilft das **Schlagwortverzeichnis oder das Register** am Ende des Buches.

Hauptfiguren raten

Ein Mitspieler nimmt die Identität einer bekannten Hauptfigur eines Kinderbuchs an, z. B. Pippi Langstrumpf, die kleine Hexe, Michel aus Lönneberga, Bibi Blocksberg ...
Er kann sie spielen, pantomimisch darstellen oder Fragen beantworten, bis die Figur erraten ist.

Spiel-tipp

Internet und Bibliothek

Bei der Suche nach einem bestimmten Text, z. B. einem Märchen, einer Fabel oder einem Gedicht kann das Internet helfen. Hier sind Millionen von Computern weltweit verbunden.
Da es sich um das umfassendste Lexikon der Welt handelt, es aber kein Inhaltsverzeichnis gibt, braucht man eine Suchmaschine.

Die **Kindersuchmaschine** www.blinde-kuh.de bietet eigene Informationen an und verbindet mit ausgewählten Seiten anderer Anbieter.
Wenn man eine Information zu einer Autorin sucht, z. B. Astrid Lindgren, gibt man ihren Namen ein, klickt dann mit der Maus auf „Suchen" und erhält eine Auswahl an Internetseiten, die man öffnen kann.

In einer Bibliothek (Bücherei) gibt es viele verschiedene Bücher, die sich jeder, der einen **Bibliotheksausweis** hat, für eine bestimmte Zeit ausleihen kann.

Die **Bücher sind** nach Sorten und Sachgebieten **geordnet.**

Sachbücher
Abenteuerromane
Kriminalromane
Jugendromane
Nachschlagewerke

Die Bibliothekarin oder der Bibliothekar hilft, die richtigen Regale und Bücher zu finden und kann auch Bücher empfehlen.
Jedes Buch hat auf seinem **Buchrücken** Buchstaben und Zahlen, damit es wieder an der richtigen Stelle eingeordnet werden kann.

Große Bibliotheken haben alle Bücher **in einem Computer gespeichert.** Wird dort der Verfasser, der Buchtitel oder ein Schlagwort eingegeben, erhält man Angaben zum Buch.

Auch Hörbücher, Hörspiele, Filme und Zeitschriften können in einer großen Bibliothek ausgeliehen werden.

Texte vortragen

Vorlesen

Nur wer eine Geschichte gut kennt und sie verstanden hat, kann die Stimmung des Textes richtig wiedergeben.

Zur Vorbereitung wird das **Vorlesen** mehrmals laut geübt. Dabei wird überlegt und ausprobiert, wie die einzelnen Sätze und Wörter vorgetragen werden.
Die **Satzzeichen** helfen, den Text sinnbetonend vorzulesen.

Bei einem Ausrufesatz, der mit einem Ausrufezeichen endet, wird die Stimme fordernd und etwas lauter. **!**

Bei einem Fragesatz, der mit einem Fragezeichen endet, geht die Stimme nach oben. Man erwartet etwas. **?**

Bei einem Komma kann man eine kurze Pause machen und Luft holen. Die Stimme bleibt oben, weil der Satz noch nicht abgeschlossen ist. **,**

Bei einem Punkt oder Strichpunkt geht die Stimme nach unten. Der Gedanke ist abgeschlossen. **. / ;**

Bei einem Doppelpunkt kann man eine kurze Pause machen. Die Stimme bleibt oben. **:**

Mit einem Kassettenrekorder oder einem Diktiergerät kann der Vortrag aufgenommen, abgehört und beim nächsten Versuch verbessert werden.

Im Begleitsatz gibt es manchmal Hinweise, wie die wörtliche Rede vorzulesen ist.

„Was siehst du?“, **flüsterte** Lena.

Auch eigene Zeichen können beim Vorlesen helfen:

/	kurze Pause	//	lange Pause
<	lauter werden	>	leiser werden
....	schneller sprechen	------	langsamer sprechen
	betontes Wort		

In einer Vorlage für ein Theaterstück, für ein Hörspiel oder für einen Film werden die Sätze in einzelnen Rollen aufgeschrieben. Jeder weiß, was er vorlesen oder auswendig sprechen muss.
Die **Regieanweisungen** in Klammern geben Hinweise, **wie** gesprochen werden muss.

Robert (zornig): Gib mir sofort mein Schwert zurück!
Linus (entschuldigend): Es tut mir wirklich leid, aber ich …

Spieltipp

Sprechübungen für Schauspieler

Ein Satz wird ausgewählt und auf unterschiedliche Arten vorgetragen: unsicher, bestimmt, frech, traurig, glücklich. Wer kann am besten mit seiner Stimme verschiedene Stimmungen ausdrücken?

Informationen entnehmen und zusammenfassen

Diese Schritte helfen, aus einem **Sachtext** wichtige Informationen zu entnehmen und den Inhalt zusammenzufassen.

- Ich lese zuerst die **Überschrift** und schaue mir die **Bilder und Fotos** zum Text an.
- Ich **überfliege** den Text beim ersten Lesen und verschaffe mir einen **Überblick** über den Inhalt.
- Ich **überlege**, welche Informationen ich habe.

  Was habe ich Neues erfahren?
  Was wusste ich schon?
  Wo habe ich noch Fragen?
- Ich **lese** den Text **noch einmal** langsam und unterstreiche wichtige Wörter (Schlüsselwörter).
- Ich **schlage** Begriffe, die ich nicht verstanden habe, in einem Lexikon **nach.**
- Ich schreibe **zu jedem Abschnitt** eine **Überschrift** oder einige **Stichworte** auf.
- Ich **fasse den Inhalt** mithilfe meiner Notizen oder den unterstrichenen Schlüsselwörtern **zusammen.**

Texte verstehen

Diese Schritte helfen, **einen Erzähltext** zu **verstehen** und sich eine eigene Meinung zu bilden.

Ich stelle Fragen zum **Inhalt:**

Welche wichtigen **Personen, Tiere, Dinge** kommen im Text vor?

An welchen Orten spielt die Geschichte?

Wann findet das Geschehen statt?

Was passiert in der Geschichte?

Warum kommt es zu diesem Geschehen?

Kann ich mir alles **in Bildern vorstellen?**

Was halte ich von den Hauptfiguren?
Kann ich ihre Handlungen, Gefühle, Gedanken verstehen?
Habe ich schon einmal **etwas Ähnliches** gelesen oder erlebt?

Gefällt mir die Geschichte? Gefällt sie mir nicht?
Wie kann ich meine **Meinung begründen?**

Die Indianergeschichte gefällt mir, weil sie sehr spannend geschrieben ist. Besonders als Flinker Bär in der Schlucht …

Ein Lesetagebuch führen

In einem **Lesetagebuch** kann der Leser **seine Gedanken** und **seine Meinung** zu einem gelesenen Buch **festhalten.**

- Ich nenne zuerst den **Titel des Buchs,** den **Autor** und den **Verlag.**
- Ich kann aufschreiben, **an welchem Tag** ich **welche Seiten** gelesen habe, was mir gefallen, was mir nicht gefallen hat. Ich kann meine Meinung begründen.
- Ich kann **besondere Textstellen** abschreiben. Ich schreibe dazu, warum ich sie ausgesucht habe.
- Ich kann den **Inhalt** eines Kapitels **zusammenfassen.**
- Ich kann ein **Bild** zu einer Textstelle **malen.**
- Ich kann einen **Steckbrief** schreiben und **Figuren** des Buches **zeichnen.**
- Ich kann dem Autor einen **Brief schreiben.** Ich kann einem Freund oder einer Freundin in einem Brief von dem Buch erzählen.

Ein Buch vorstellen

Wenn du anderen **ein Buch vorstellen** willst, solltest du diese Fragen beantworten.

Welche Informationen **über das Buch** kann ich geben?

Wie heißt mein Buch (Titel)?
Wer hat es geschrieben (Autor/Autorin)?
Gibt es Informationen über den Autor/die Autorin?
Gibt es noch weitere Bücher dieses Autors/ dieser Autorin?
Wer hat die Bilder gemalt (Illustrator/Illustratorin)?
Wann wurde das Buch geschrieben?
In welchem Verlag ist das Buch erschienen?

Welche Informationen **über den Inhalt** kann ich geben?

Was ist der Inhalt der Geschichte (Personen, Ort, Zeit, Handlung)?
Welche Bilder will ich zeigen?
Welche Stelle möchte ich vorlesen (Leseprobe)?

Wie **bewerte** ich das Buch?

Was hat mir an diesem Buch gefallen?
Warum kann ich das Buch empfehlen?

Hinweise für Eltern

Lernmotivation

Emotionen beeinflussen das Lernen.

Angst, Müdigkeit, Erschöpfung, Misserfolge oder Überforderung hemmen das Lernen. Deshalb ist es wichtig, dass Ihr Kind in einer angstfreien Umgebung lernen kann. Bei Fehlern und Misserfolgserlebnissen brauchen Kinder eine liebevolle und verständnisvolle Zuwendung, um zuversichtlich weiterzuarbeiten. Jeder Fehler ist auch eine Chance, etwas dazuzulernen.

Es ist wichtig, dass Ihr Kind entspannt arbeiten kann. Dazu braucht es neben Erfolgserlebnissen auch ausreichend Schlaf und Pausen.
Nicht nur Strafen, sondern auch ungeschickte spontane Äußerungen können das Selbstwertgefühl Ihres Kindes schwächen und zu Lernblockaden führen.

Konflikte in der Schule mit Lehrerinnen und Lehrern, Mitschülerinnen und Mitschülern können belasten und sich negativ auf die Lernhaltung auswirken. Ihr Kind braucht in dieser Situation Verständnis und Unterstützung sowie eine objektive und sachliche Beratung. Eine positive Grundhaltung gegenüber Schule, Lehrerinnen, Lehrern und Unterrichtsfächern ist eine gute Voraussetzung für erfolgreiches Lernen.

Hinweise für Eltern

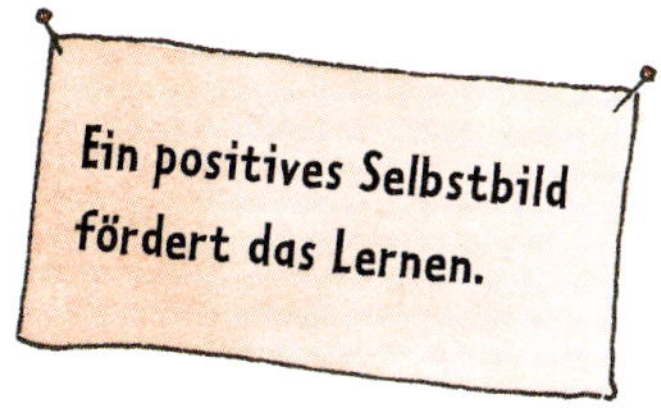

Lob, Ermutigung, Anerkennung und Wertschätzung fördern das Selbstbewusstsein aller Kinder. Deshalb ist es wichtig, dass auch Ihr Kind den Blick auf seine Stärken erfährt.
Jeder hat einen Bereich, in dem er mit Freude arbeitet und erfolgreich ist. Dieser Bereich kann auch außerschulisch sein, z. B. beim Sport. Durch Anerkennung erfährt Ihr Kind, dass es etwas kann, und überträgt diese Erfahrung auf andere Bereiche. So wird sein positives Selbstbild gefördert und es traut sich auch an weitere Lernaufgaben.

Mit Belohnungen in Form von konkreten Zuwendungen sollte dagegen eher vorsichtig umgegangen werden. Diese Art der Anerkennung ist nur eine kurzfristige Motivation, die nicht zu einer langfristigen positiven Selbsteinschätzung führt.

Das richtige Maß an Anforderungen ermöglicht Lernerfolge, die sowohl bei Über- als auch bei Unterforderung in geringerem Maße eintreten werden.

Bei der notwendigen Anerkennung der Stärken Ihres Kindes dürfen jedoch auch seine Schwächen nicht übersehen werden. Sie gehören ebenfalls zu einer realistischen Selbsteinschätzung. Erst wenn sie angenommen werden, können auch notwendige Fördermaßnahmen angebahnt werden.

Hinweise für Eltern

Lernorganisation

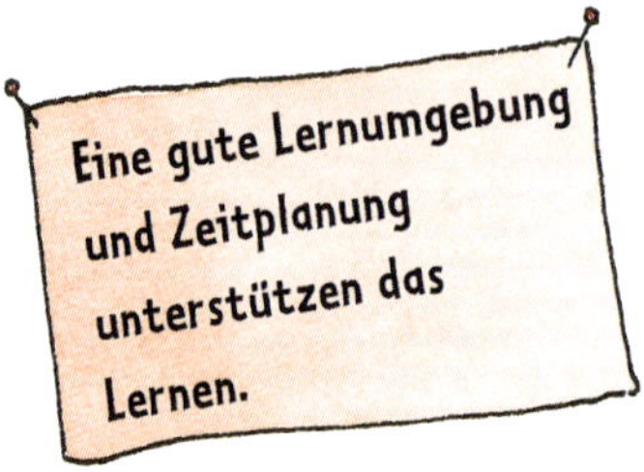

Ein fester Arbeitsplatz, regelmäßige Arbeitszeiten und ein strukturierter Alltag sind gute Voraussetzungen, um konzentriert arbeiten zu können. Deshalb ist es wichtig, dass Sie gemeinsam mit Ihrem Kind die Lernumgebung gestalten. Dazu gehört ein fester Arbeitsplatz, an dem Ihr Kind in Ruhe, mit genügend Licht und Platz für seine Lernmaterialien ohne Ablenkung lernen kann.

Die Lernzeit sollte gemeinsam vereinbart und begrenzt werden, da es sicher noch weitere Aktivitäten gibt und Ihr Kind nicht überfordert werden soll. Ein Ausgleich zum Lernen, z. B. Bewegung und soziale Kontakte mit Freunden, ist wichtig.
Reicht die vereinbarte Lernzeit für Ihr Kind nicht aus, denken Sie über die Ursachen nach. Arbeitet Ihr Kind wirklich konzentriert, gibt es Ablenkungsquellen oder hat es sich zu viel vorgenommen? Kleinere Lerneinheiten mit Pausen sind effektiver.
Wenn Ihr Kind gerne mit anderen Kindern zusammen lernt, richten Sie gemeinsame Lernzeiten ein.
Planen Sie auch längerfristig, besonders zur Vorbereitung einer Klassenarbeit. Regelmäßige kleine Wiederholungseinheiten tragen dazu bei, dass der Lernstoff auch anhaltend gespeichert wird.

Wenn Sie mit Ihrem Kind klare – möglichst ritualisierte – Strukturen vereinbaren, entlasten Sie sich und müssen es nicht täglich von Neuem zum Lernen auffordern.

Hinweise für Eltern

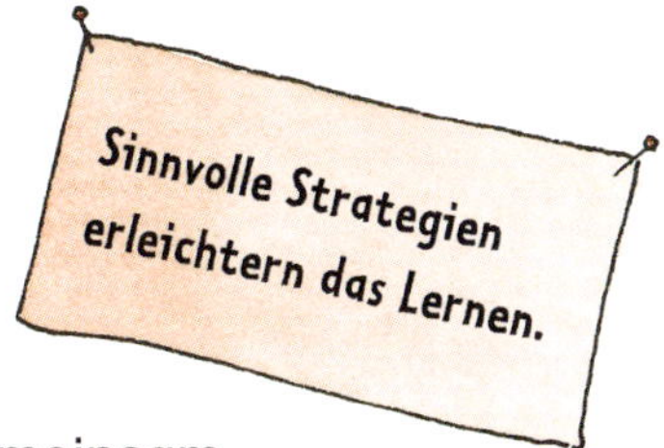

Da sich Wissen heute ständig verändert und ein lebenslanges Lernen vorausgesetzt wird, braucht Ihr Kind Grundkompetenzen und Strategien für das Lernen. Sie können Ihr Kind darin unterstützen, indem Sie sich gemeinsam mit dem „Lernenlernen" beschäftigen. Anregungen finden Sie und Ihr Kind auf den Seiten 12 bis 21. So kann Ihr Kind zunehmend selbstständig arbeiten und auch selbstbewusst und angstfrei an seine Lernaufgaben gehen.

Nachschlagen und Recherchieren sind wichtige Grundqualifikationen. Ein Grundschulwörterbuch sollte an keinem Arbeitsplatz fehlen, damit Ihr Kind den selbstverständlichen Umgang mit Nachschlagewerken trainiert und sie als Hilfsmittel benutzen kann. Auch Lexika, Atlanten und das Internet sollten im Laufe der Grundschulzeit immer häufiger als Informationsquellen zur Verfügung stehen.

Lernprobleme

Rechtzeitige Förderung verhindert Lernschwierigkeiten.

Kinder lernen am liebsten das, was ihnen leicht fällt. Achten Sie deshalb darauf, dass Ihr Kind sich auch den Aufgaben zuwendet, die ihm Mühe bereiten. Damit es nicht zu größeren Lernproblemen kommt, erklären Sie Ihrem Kind, dass die Anstrengung sich lohnt.

Denken Sie daran, dass nicht jeder Fehler auf größere Schwierigkeiten hindeutet, sondern nur zeigt, woran Ihr Kind noch arbeiten sollte. Wenn Sie jedoch anhaltende Lernprobleme beobachten, ist es notwendig, nach den Ursachen zu suchen. Nehmen Sie rechtzeitig Kontakt mit der Lehrerin oder dem Lehrer auf und bitten Sie um Einschätzung und Unterstützung. Überlegen Sie gemeinsam gezielte schulische und häusliche Fördermöglichkeiten, da Frustrationen durch quälendes Üben auf Dauer sehr belastend für Ihr Kind sein können. Es kann daraus eine generelle Lernunlust entstehen.

Haben Kinder bei durchschnittlicher Intelligenz auffallend ausgeprägte Lernprobleme, könnte es sich auch um eine Lese-Rechtschreib-Schwäche oder um eine Rechenschwäche handeln.

Lese-Rechtschreib-Schwäche (Legasthenie): Stockendes Lesen, das Auslassen, Vertauschen oder Hinzufügen einzelner Buchstaben, Silben oder Wörter sind typische Probleme, die Kinder mit dieser Teilleistungsstörung beim Lesen und beim Schreiben haben. Auch beim Abschreiben können viele Fehler beobachtet werden.

Als Folge der Lese-Rechtschreib-Schwierigkeiten kann es auch in anderen Fächern zu Lernproblemen kommen, da die Wissensaufnahme nur eingeschränkt möglich ist.

Rechenschwäche (Dyskalkulie): Dies ist eine Teilleistungsstörung im Umgang mit Zahlen. Bei dem rechenschwachen Kind ist das zugrunde liegende Mengen- und Zahlenverständnis unzureichend entwickelt und es geht mit Größen um, die es nicht begreift.
Die Ursachen für eine Dyskalkulie können vielfältig sein. Rechenschwache Kinder haben jedoch häufig gravierende Wahrnehmungsstörungen.
Wenn Ihr Kind nur Probleme mit Textaufgaben hat, könnte das auch auf eine Lese-Rechtschreib-Schwäche hinweisen.

Bei beiden Lernstörungen ist es wichtig, speziell ausgebildete Lehrer oder Schulpsychologen um Rat zu fragen, die die Schwierigkeiten genauer diagnostizieren können. Eine frühzeitige gezielte Förderung an der Schule oder eine geeignete Therapie durch anerkannte Institute können langfristig zu Erfolgserlebnissen führen.
Ihr Verständnis und die geduldige Mithilfe von Ihrer Seite werden dabei für Ihr Kind eine wichtige Stütze sein.

ADS und Hyperaktivität: Lernprobleme können auch durch ADS (Aufmerksamkeits-Defizit-Syndrom) hervorgerufen werden. ADS-Kinder fallen vor allem durch Unruhe (Hyperaktivität) und Unkonzentriertheit auf. Sie sind leicht ablenkbar, haben wenig Ausdauer, zeigen häufig Gefühlsschwankungen und handeln impulsiv und planlos. Ihr Kind braucht auch hier neben einer professionellen Förderung familiäre Hilfestellung, Unterstützung und Ermutigung.

Der Übergang in eine weiterführende Schule

Lernerfolg und Lernlust durch die richtige Wahl der Schule.

Kinder sind unterschiedlich begabt und motiviert. Daher ist es wichtig, dass am Ende der Grundschulzeit für jedes Kind die passende Schule gefunden wird.

Sowohl Über- als auch Unterforderung sind dabei zu vermeiden. Wenn Eltern zu hohe Erwartungen an ihr Kind haben, können die Folgen Angst und ein geringes Selbstwertgefühl sein. Ebenso können unterforderte Kinder die Lust am Lernen verlieren und zeigen dann weniger Bereitschaft, Leistungen zu erbringen. Die Konsequenz kann sein, dass ihre Mitarbeit am Unterricht leidet. Nicht selten werden diese Kinder zu Störern.

Eine möglichst objektive Sicht auf Ihr Kind sollte bei der Wahl der weiterführenden Schule die zentrale Rolle spielen. Ihre eigenen Wünsche und Vorstellungen sollten nicht ausschlaggebend sein.
Machen Sie sich die speziellen Begabungen Ihres Kindes bewusst. Liegen diese eher im musischen, im mathematisch-naturwissenschaftlichen, im sprachlichen oder im sportlichen Bereich? Suchen Sie aus dem Angebot der Schulen diejenige heraus, die diese Bereiche in ihrem Schulprofil speziell berücksichtigt.
Wichtige Entscheidungskriterien sind auch Arbeitsverhalten, Durchhaltevermögen und Anstrengungsbereitschaft. Eine falsche Schulwahl führt nicht nur bei Ihrem Kind zu Frustrationserlebnissen, sondern wirkt sich auch auf die ganze familiäre Situation aus.

Hinweise für Eltern

Während der Grundschulzeit konnten Sie Ihr Kind beobachten. Um sich die Entscheidung für eine passende Schule zu erleichtern, können Sie anhand folgender Fragestellungen eine erste Einschätzung vornehmen.

Wie stabil waren die **Schulleistungen** meines Kindes?

- Gab es in den einzelnen Schulfächern unterschiedliche Leistungen?
- Zeigt mein Kind besondere Begabungen oder hat es besondere Schwächen?

Wie schätze ich das **Arbeitsverhalten** meines Kindes ein?

- Kann es auch über einen längeren Zeitraum selbstständig arbeiten?
- Ist mein Kind interessiert an neuen Lerninhalten?
- Zeigt es auch bei höheren Anforderungen Anstrengungsbereitschaft oder gibt es schnell auf?

Da die Lehrerinnen und Lehrer das Lern-, Arbeits- und Sozialverhalten Ihres Kindes im schulischen Alltag am besten kennen, sollte ihre Empfehlung Grundlage Ihrer Entscheidung sein.

Neben dem Schulprofil und den besonderen Angeboten der Schule spielen auch organisatorische Gesichtspunkte eine Rolle:
Ist die Schule für Ihr Kind gut erreichbar?
Soll es auch am Nachmittag betreut werden?
Ist die Ausstattung der Schule so, dass Ihr Kind dort optimal lernen, sich aufhalten und sich wohl fühlen kann?

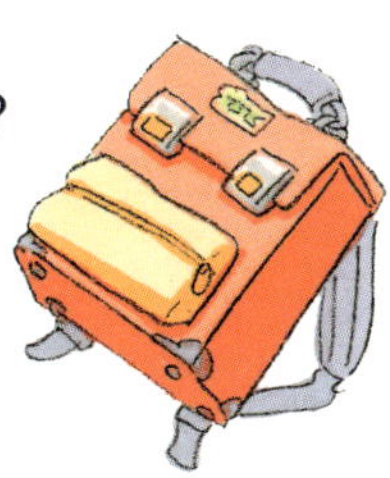

Hinweise für Eltern

Hinweise zum Fach Deutsch

Richtig schreiben wird in einem langsamen **Prozess der Annäherung** gelernt. Ihr Kind soll Schritt für Schritt von der lautgetreuen Schreibung zur Entwicklung eines Rechtschreibbewusstseins kommen, ohne die Lust am Schreiben zu verlieren. Deshalb ist es wichtig, dass Sie immer wieder seinen individuellen **Lernfortschritt bestätigen** und zum Schreiben aus verschiedenen Anlässen **ermutigen.**

Ein **Fehler** sollte nicht als persönliches Versagen gesehen werden, sondern als Lernhinweis: „Hier muss ich noch nachdenken oder üben." Voraussetzung für eine gezielte Förderung ist die Fehleranalyse.

Die **Strategie des Nachschlagens** spielt von Anfang an eine große Rolle. Ihr Kind erfährt, dass es Hilfen in Anspruch nehmen und seine Schreibprodukte selbstständig überarbeiten kann.

Lesen ist eine wichtige Kompetenz für das selbstständige Lernen in allen Schulfächern – wie auch für zukünftige Lebenssituationen. Wichtig ist, dass Kinder **Lust zum Lesen** bekommen. Denn nur wer viel liest, kann auch gut lesen.
Studien haben gezeigt, dass **regelmäßiges Vorlesen** die Motivation zum selbstständigen Lesen verstärkt. Ebenso werden Kinder von Eltern, die selbst häufig zum Buch greifen, eher zu begeisterten Lesern.
Eine **breite Auswahl an Büchern** ermöglicht den Kindern, ihren eigenen Interessen nachzugehen. Der Besuch von **Bibliotheken** ist dabei hilfreich. Die Buchauswahl sollte vorwiegend bei Ihrem Kind liegen.

Folgende **Regeln der neuen Rechtschreibung** sind in der Grundschule von Bedeutung:

Bei Zusammensetzungen bleiben auch drei gleiche Buchstaben erhalten.

Schifffahrt   Balletttänzer

Nach kurzem Vokal steht ss. ß folgt nur noch auf einen langen Vokal.

Fass, er lässt, dass – Fuß, sie gießt, Strauß

Einige Wörter werden mit zwei Konsonanten geschrieben, um ihre Zugehörigkeit zu einer Wortfamilie zu verdeutlichen.

Tipp, wegen tippen   platzieren, wegen Platz

Wörter, die von einem Wort mit a abgeleitet werden können, werden mit ä geschrieben.

die Stange – der Stängel

Die Anrede du, dir, dein kann in Briefen klein- oder großgeschrieben werden, die Höflichkeitsanrede nur groß.

du/Du, ihr/Ihr   Sie, Ihnen, Ihre

Die Trennung am Zeilenende erfolgt nach Sprechsilben, auch bei den Buchstabenverbindungen st und ck.

Kis-ten   ba-cken

Die Schreibung mancher Fremdwörter kann an die deutsche Schreibung angepasst werden.

Delfin (Delphin), Thunfisch (Tunfisch), Joghurt (Jogurt)

Verbundene Ausgangsschriften

Je nach Bundesland und Schule lernen die Kinder eine der folgenden Schreibschriften:

Vereinfachte Ausgangsschrift

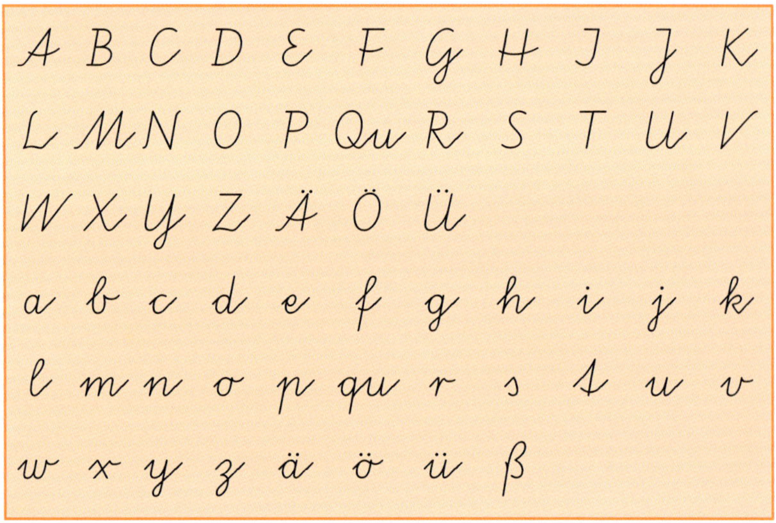

Lateinische Ausgangsschrift

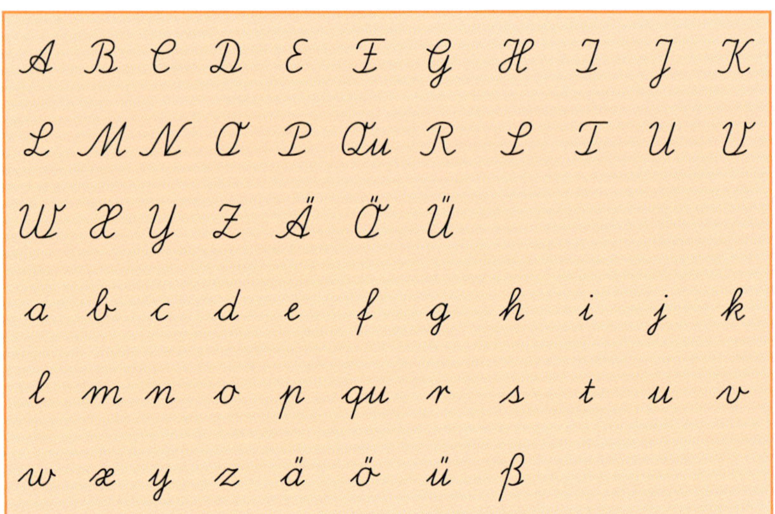

Schulausgangsschrift

A B C D E F G H I J K

L M N O P Qu R S T U V

W X Y Z Ä Ö Ü

a b c d e f g h i j k

l m n o p qu r s t u v

w x y z ä ö ü ß

Fachbegriffe

Selbstlaut	Vokal	a, e, i, o, u
Mitlaut	Konsonant	b, c, d, …
Doppellaut	Zwielaut, Diphthong	ei, ai, au, äu, eu
Namenwort	Nomen, Substantiv	Eule
Begleiter	Artikel	die, eine
Einzahl	Singular	die Eule
Mehrzahl	Plural	die Eulen
1. Fall	Nominativ	die Eule, der Hund, das Kind
2. Fall	Genitiv	der Eule, des Hundes, des Kindes
3. Fall	Dativ	der Eule, dem Hund, dem Kind
4. Fall	Akkusativ	die Eule, den Hund, das Kind
Fürwort	Pronomen	sie, ihr
Tunwort, Tuwort	Verb	erklären
Grundform des Tunworts	Infinitiv	erklären

Gegenwart	Präsens	sie erklärt
1. Vergangenheit	Präteritum, Imperfekt	sie erklärte
2. Vergangenheit	Perfekt	sie hat erklärt
Zukunft	Futur	sie wird erklären
Wiewort, Eigenschaftswort	Adjektiv	klug, alt
Umstandswort	Adverb	gestern
Verhältniswort	Präposition	auf, in
Bindewort	Konjunktion	und, obwohl

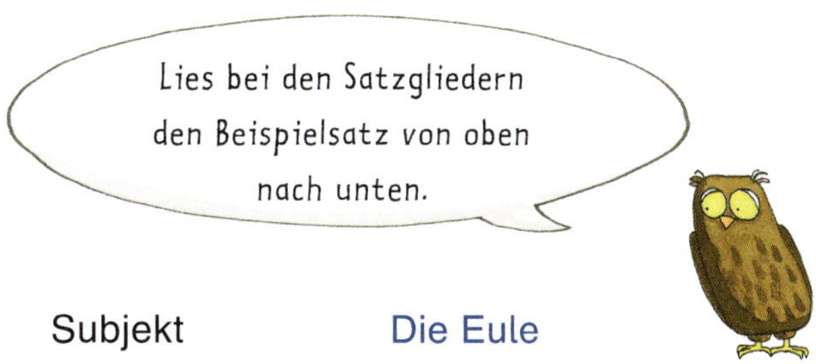

Satzgegenstand	Subjekt	Die Eule
Satzkern	Prädikat	erklärt
Ergänzung im 3. Fall	Dativobjekt	dem Kind
Ergänzung im 4. Fall	Akkusativobjekt	den Satz
Umstandsbestimmung	adverbiale Bestimmung	im Buch.

Schwierige Wörter

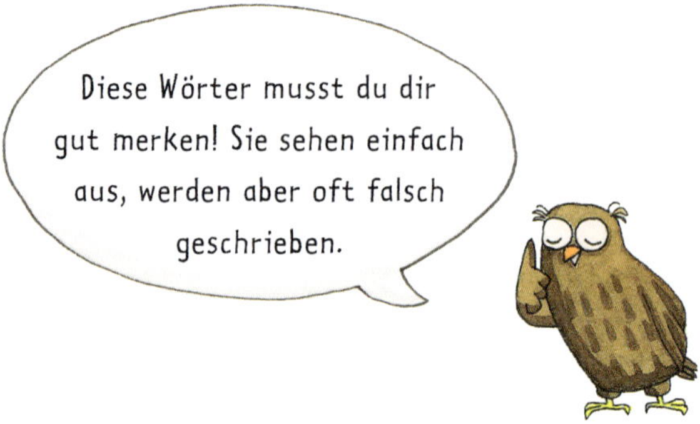

ab
abends
aber
alle
auf einmal
aus
außen
außer
bald
bin (ich bin)
bis
bloß
da
dann
dass (ich weiß, dass …)
dein
denn
dich
dieses
dir
dort
draußen
durch
ein bisschen

etwa
euer
fällt (er fällt)
fiel (sie fiel)
fort
früh
für
ganz
gar
gestern
habe (ich habe)
hat (sie hat)
hatte (er hatte)
heute
hier
holt (sie holt)
ihm
ihn
ihnen
ihr
jemand
jetzt
kam (er kam)
kein

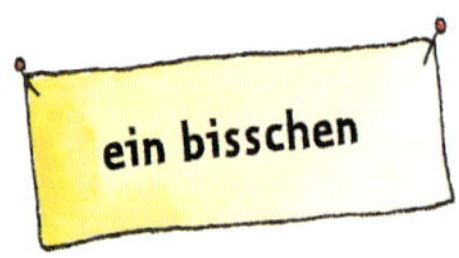

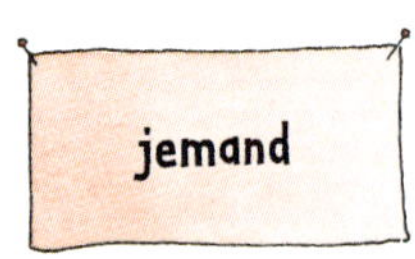

kommt (sie kommt)
las (sie las)
liest (er liest)
links
mal
man
mehr
mein
meistens
mich
mir
musste (sie musste)
nach
nächste
nahm (er nahm)
nämlich
nein
nicht
nichts
nie
noch
oft
ohne
passiert (es passiert)
plötzlich
rechts
sah (sie sah)
schon
sehr
seid (ihr seid)
sein
seit (seit gestern)
sich

sieht (sie sieht)
sind (sie sind)
so
sofort
sonst
spät
stets
trotz
trotzdem
über
ungefähr
unter
viel
vielleicht
von
vor
während
wann
war (sie war)
wäre (er wäre)
weg
weil
weiter
welche
wenig
wenn
wie viel
wieder
will (er will)
wollte (sie wollte)
ziemlich
zuletzt
zusammen

Register

Quellenverzeichnis

S. 13, 91, 106, 134, 175: Coverabbildungen: Duden – Das Grundschulwörterbuch, Bibliographisches Institut GmbH, Berlin. Duden Grundschul-Lexikon, Bibliographisches Institut GmbH, Berlin.

S. 106: Lexikonartikel „Meerschweinchen“, aus: Duden Grundschul-Lexikon, Bibliographisches Institut GmbH, Berlin.

S. 130: Ausschnitt aus: Duden – Das Grundschulwörterbuch, Bibliographisches Institut GmbH, Berlin.

S. 136: Ägyptische Hieroglyphen: Fotolia, Artlux, © Artlux – Fotolia.com. Piktogramme: Bibliographisches Institut GmbH, Berlin.

S. 137: Blindenschrift: Fotolia, Alexander Mandl, © Alexander Mandl – Fotolia.com. Morsealphabet: Bibliographisches Institut GmbH, Berlin.

S. 146ff: Artikel „Papier“, aus: Duden Grundschul-Lexikon, Bibliographisches Institut GmbH, Berlin.

S. 157: „Der Löwe und die Maus“ nach Äsop, aus: Ludwig Mader (Hrsg.): Antike Fabeln, © Akademie Verlag, Berlin 2011.

S. 159: Josef Guggenmos: Schneekristall, aus: Hans-Joachim Gelberg (Hrsg.): Überall und neben dir. 1986 Beltz & Gelberg in der Verlagsgruppe Beltz, Weinheim & Basel.

S. 164: Screenshot www.blinde-kuh.de © Blinde Kuh e. V.

Arbeiten mit der CD-ROM – so gehts ...

Auf der **Startseite** werden alle Inhalte der CD-ROM vorgestellt.

Hier können die **100 Arbeitsblätter** nach unterschiedlichen Suchkriterien aufgerufen werden.

Nach dem Klicken auf **„Lösungen“** werden alle Lösungsblätter angezeigt.

Tests zur Wissensüberprüfung am Ende der 2. und der 4. Klasse

Hier gibt es viele zusätzliche **Arbeitsmaterialien** zum Ausdrucken.

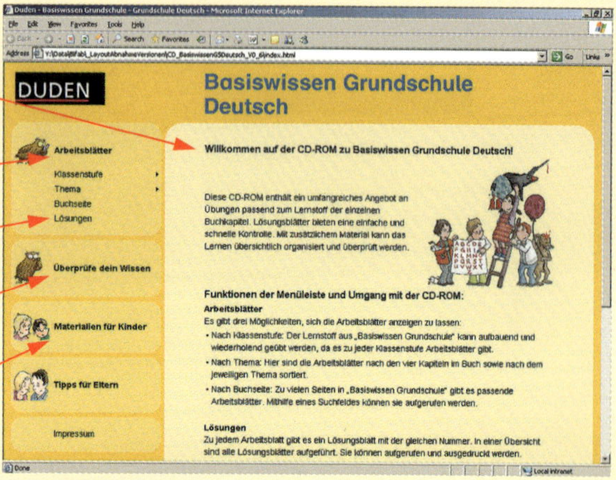

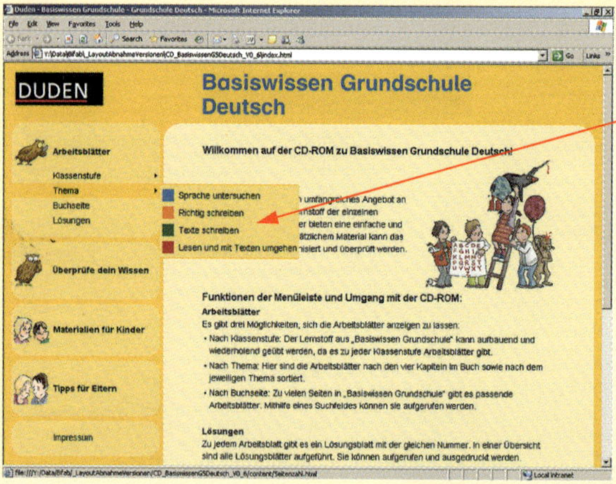

Nach dem Klicken auf **„Thema“** kann das Themengebiet ausgewählt werden, zu dem Arbeitsblätter gesucht werden.

Alternativ kann man nach Arbeitsblättern zu einer bestimmten **Klassenstufe** suchen oder sich die Arbeitsblätter anzeigen lassen, die zu einer speziellen **Buchseite** gehören.

Nach Anklicken eines Themenbereichs werden im Fenster alle **Arbeitsblätter zu diesem Thema** mit Angabe der Klassenstufe angezeigt. Mit einem Klick öffnet sich das gewünschte Arbeitsblatt und kann ausgedruckt werden.

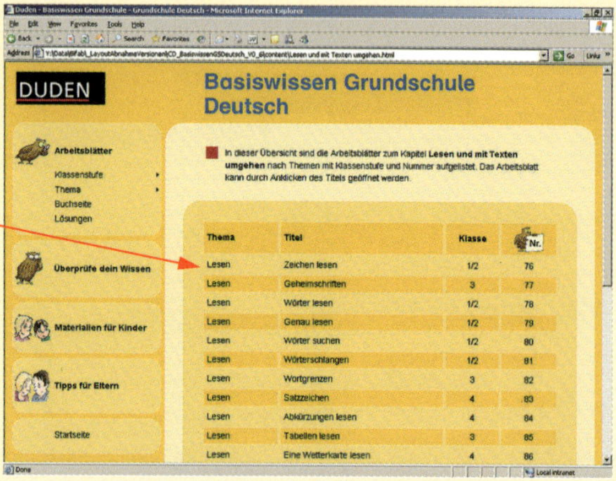